## "安徽红色历史记忆丛书"编委会

**主　编**

陆发春

**编　委**
（按姓氏笔画排序）

朱贵平　张启兵　郝欣富　徐　京
唐国富　唐　莉　黄文治

安徽红色历史记忆丛书

# 红色定远

丛书主编 陆发春

孙明开 编著

时代出版传媒股份有限公司
安徽教育出版社

图书在版编目(CIP)数据

红色定远 / 孙明开编著. —合肥:安徽教育出版社,2021.4

(安徽红色历史记忆丛书 / 陆发春主编)

ISBN 978-7-5336-9017-5

Ⅰ.①红… Ⅱ.①孙… Ⅲ.①革命史—定远县 Ⅳ.①K295.44

中国版本图书馆 CIP 数据核字(2019)第 208098 号

**红色定远**
HONGSE DINGYUAN

出 版 人:费世平
总 策 划:郑　可　费世平
项目统筹:姚　莉　王宗琦
质量总监:姚　莉
策划编辑:王宗琦
责任编辑:何宏贵　谢明礼
装帧设计:吴亢宗
责任印制:李松伦

出版发行:时代出版传媒股份有限公司　安徽教育出版社
地　　址:合肥市经开区繁华大道西路 398 号　邮编:230601
网　　址:http://www.ahep.com.cn
营销电话:(0551)63683012,63683013
排　　版:安徽时代华印出版服务有限责任公司
印　　刷:合肥市宏基印刷有限公司

开　　本:710×1010　1/16
印　　张:14.25
字　　数:140 千字
版　　次:2021 年 4 月第 1 版　2021 年 4 月第 1 次印刷
定　　价:49.00 元

(如发现印装质量问题,影响阅读,请与本社营销部联系调换)

# 总 序

2016年7月1日,习近平总书记在庆祝中国共产党成立95周年大会上的讲话中指出:"我们党已经走过了95年的历程,但我们要永远保持建党时中国共产党人的奋斗精神,永远保持对人民的赤子之心。一切向前走,都不能忘记走过的路;走得再远、走到再光辉的未来,也不能忘记走过的过去,不能忘记为什么出发。面向未来,面对挑战,全党同志一定要不忘初心、继续前进。"中国共产党一贯重视对党史国史的学习和研究,从这些历史中,可以看到中国共产党人的初心和使命,可以获得面对各种挑战所应具备的经验与勇气。

"安徽红色历史记忆丛书"在原有的安徽革命历史研究基础上,充分利用近现代历史文献、档案资料,真实全面地反映了安徽革命斗争历程。丛书试图构建一个红色文化研究平台,连点成线,系统地对安徽省内各地红色文化予以陈述。丛书选取安徽省最有红色革命历史传统的十个县市,即合肥、宿州、六安、黄山、寿县、定远、金寨、无为、泾县、岳西,对1912至1949年间这些地区

的红色革命历史予以梳理叙述。为避免与以往出版的同类型书籍同质化,本丛书在体例上采取专题叙事方式,即每本书均以专题方式,突出该地区重大主题的红色革命历史。各专题之间,有一定逻辑关系,按照时间和事件发生先后关系,分章叙事论述。丛书强调权威性、学术性和社会大众性有机结合,希望能够打造成既有学术含量,又有文宣效果,能够深入人心的系列图书。

一、安徽红色文化的富矿,有待深入挖掘。

安徽是新民主主义革命时期的重大事件发生地、重要历史人物出生地和革命家活动地,是闻名国内外的红色文化资源大省,因此,研究和保护、开发和利用好红色文化资源,打造和传播好具有安徽特色的红色文化,既有重要的文旅经济价值,也有深远的社会意义和历史意义。

安徽红色历史文化除具备中国革命共通特征之外,另有几个主要特点:

首先,安徽是接受马克思主义思想传播较早,地方党组织组建较早的省域。有先进思想武装的革命组织是革命事业发展的发动机。1921年10月,当时的省城安庆即成立了安徽社会主义青年团组织,1923年安庆成立中共安庆基层支部,寿县乡村小甸集成立中共特别支部。这样一个特点与皖籍出身的中共早期创建者有着紧密关联。我们从《红色岳西》《红色合肥》等卷帙对王步文、蔡晓舟等早期接受新文化思潮的安徽人物的叙述中,可以了解马克思主义思想在安徽传播的概况。

其次,安徽是贯彻八七会议精神,较早进行土地革命,用武装暴动方式发动农民群众,建立独立乡村红色政权的革命先进地区。大革命失败之后,安徽地区的革命者没有被白色恐怖所吓倒,发动了皖西大别山商南立夏节暴动、六霍暴动和请水寨暴动三大农民暴动,成立了红色苏维埃政权和建制的军事武装如红三十二师、红三十三师。1928年4月9日,皖北阜阳爆发著名的"四九"武装起义,成立了皖北苏维埃政府,建立了皖北工农红军。

第三,在1930年代初期,依托大别山区建设的鄂豫皖红色革命根据地,是仅次于中央苏区的红色苏维埃革命政权,覆盖了湖北、河南、安徽的广大地域,是土地革命战争时期中国共产党探索由农村包围城市革命新路径的另一个重要实验区;以红二十五军、红二十八军为主干建立的红四方面军,是发挥了红色种子作用的军队,是中国革命军队的一支源泉队伍。

第四,全国抗日战争爆发后,皖南泾县新四军军部成为大江南北新四军抗战的指挥中心,解放战争时期皖西、淮南、蚌埠、合肥瑶岗相继成为革命武装千里跃进大别山、挺进豫皖苏、淮海战役、渡江战役的指挥枢纽之地。横跨江淮的皖北、皖南是中国革命战争年代革命志士抛头颅洒热血,为建立新中国英勇奋战的热土,是追随中国共产党的革命群众贡献聪明才智的沃壤。

二、要认识到安徽红色文化的时代价值。

安徽是红色文化的富矿,值得研究者条分缕析,阐发隐微。红色文化作为一种独特文化标识,得到党中央的高度重视,其时代价值应该被清晰认知:

第一,安徽红色文化展示了20世纪革命年代以陈延年、陈乔年、王步文、曹渊、许继慎、胡底、陈原道、刘渼西、周维炯、漆德玮、舒传贤、王效亭等为代表的安徽革命志士,为了民族独立和人民解放,前赴后继、无畏牺牲的革命英雄主义气概和血战到底的对敌战斗意志;为了追寻国家光明前景和革命真理,宁肯舍弃一切献身革命事业的崇高革命信仰和历史情怀。这是新时期安徽人民仰之弥高的精神财富。

第二,安徽红色文化展示了革命年代安徽进步人士,始终以爱国主义为精神内涵,为了追求社会进步、国家富强,勇于走在反帝反封建斗争的时代前列,极大地丰富了20世纪安徽思想文化历史,为新时期安徽人民树立了力学笃行的精神丰碑。

第三,安徽红色文化展示了革命年代形成、新中国成立之后不断被阐释宣扬、历经百年风云已经内化为安徽历史传统的精神财富,是新时期安徽人民建功立业、创新进取、奋斗于民族复兴大业、建设美好家园的重要传家之宝。

重视红色文化,学习红色文化,实践红色文化,不仅是安徽文化强省的重大举措,更是中国人民增加文化自信的重要精神源泉。我们不能让富有特色的安徽红色文化,躺在历史的尘埃中。

陆发春<br>
于安徽大学问津楼

# 目 录

导 语      1

**第一章 定远中共组织的建立和吴圩农民暴动**      10

一、定远中共组织的建立      10

二、吴圩农民暴动      16

三、定远地区党团组织的坚持和斗争      20

**第二章 定远中共组织恢复重建和新四军第四支队东进到达定远**      24

一、定远地区民众抗日救亡斗争      24

二、新四军第四支队东进到达定远      30

三、定远中共组织的恢复和重建      33

## 第三章　刘少奇在皖东　37

一、刘少奇到皖东　37

二、三次中原局会议　39

三、定远县抗日民主政府的成立　59

## 第四章　巩固抗日民主阵地　66

一、党的建设　66

二、政权建设　75

三、减租减息，发展经济　83

四、建设藕塘抗日烈士陵园　94

## 第五章　开展反"扫荡"、反顽斗争，夺取抗战的最后胜利　101

一、成立新四军第二师，组建津浦路西联防部队　101

二、开展反"扫荡"和反顽斗争　105

三、攻势作战，收复失地　117

四、夺取抗日战争的最后胜利　128

## 第六章　保卫解放区战斗和敌后坚持　135

一、抗战胜利后定远地区的形势　135

二、保卫解放区战斗和奉命北撤　　　　　　　　　138

　　三、津浦路西地区的敌后坚持　　　　　　　　　　141

**第七章　坚持凤阳山**　　　　　　　　　　　　　　　147

　　一、津浦路西中心县委的成立　　　　　　　　　　149

　　二、津浦路西地区的逐步恢复　　　　　　　　　　151

　　三、津浦路西地区反"清剿"斗争　　　　　　　　155

**第八章　迎接全国解放**　　　　　　　　　　　　　　165

　　一、津浦路西地委的成立和路西解放区的巩固和扩大　　165

　　二、支援淮海战役和渡江战役　　　　　　　　　　171

　　三、津浦路西全境解放和中共滁县地委成立　　　　173

**结　语**　　　　　　　　　　　　　　　　　　　　　178

**大事记**　　　　　　　　　　　　　　　　　　　　　184

**参考文献**　　　　　　　　　　　　　　　　　　　　210

**后　记**　　　　　　　　　　　　　　　　　　　　　213

# 导　语

　　定远县地处安徽东部,江淮之间,隶属滁州市。国土面积2998平方公里,人口98.15万,辖22个乡镇,38个居委会,253个行政村。定远是革命老区,从土地革命战争时期到解放战争胜利,中共党史上的每一个重要发展阶段都在定远留下了深深的印迹。

　　定远人民具有光荣的革命传统。在孙中山领导的资产阶级民主革命时期,定远人民就投入到革命的洪流中。中国同盟会成立后,定远籍知名人士方绍舟、李三杰等先后加入同盟会。武昌起义后,方绍舟在定远起兵,于1911年11月8日光复定远。孙中山领导二次革命时,方绍舟为讨袁军补充旅旅长,率部在寿县、定远一带布防,迎战北洋军。二次革命失败后,方绍舟流亡日本,在东京加入孙中山组建的中华革命党,追随孙中山先生继续革命。

　　五四运动后,定远一些在上海、南京等地读书的进步青年,受到革新思想和马克思主义的影响,眼界大开。界牌集青年学生李模中在上海加入中国共产主义青年团。共青团滁县特支成立后,

积极在滁县与定远交界的西乡发展组织。1927年12月,共青团定远界牌集小组成立。次年夏,共青团界牌集支部成立,李模中任支部书记。1929年夏,永康地区就有共青团组织活动。1932年,定城有共青团支部5个以上,成立了团区委。

1928年春,定远青山乡人(今永康镇)臧德新在凤阳县加入中国共产党,成为定远最早的共产党人。臧德新回到臧陈一带(今永康镇友爱村)从事党的地下工作,发展党员。1928年夏,中共定远臧陈支部成立,支部书记为王庆春,隶属凤阳县山后区委领导。臧陈支部的成立,标志着无产阶级登上了定远的历史舞台,中国共产党领导的新民主主义革命在定远正式开始。臧陈党支部成立后,积极发展党员,不断扩大组织。1928年底,靠山、能仁、西卅店、河北魏等地先后成立党的组织。1929年春,经中共凤阳县委批准,以永康为中心的中共定西特区委成立,丁焕成任书记,王庆春、李学兵任委员。区委成立后,组织领导穷苦农民开展了借粮、抗债和反高利贷斗争。

1932年8月,因叛徒出卖,中共长淮特委(由徐海蚌特委改称)惨遭破坏。1933年春,国民党军警到定西地区抓捕共产党人,区委组织党员、团员疏散,被迫停止活动。

1934年初,定远城党团组织与上级失去联系。5月,因叛徒告密,定城张居正、陈振亚、胡玉群等15名党员、团员被捕,组织遭破坏。

1931年3月,经中共凤阳县委批准,中共定远吴圩区委成立,朱阶平为书记,杨守柱、朱家涟为委员。8月,中共长淮特委决定,在吴圩区委的基础上成立中共定远县委,由朱阶平任县委书记,戴国兴、杨守柱、刘青山等为委员。定远县委组织领导了声势浩大的吴圩农民暴动,成立了红军司令部,直接参加暴动的农民达千余人。吴圩暴动虽因敌强我弱、叛徒出卖而失败,但为定远人民的革命斗争播下了火种。

1937年7月7日,卢沟桥事变发生,抗日战争全面爆发。抗日战争时期,以皖东定远为中心的津浦路西地区是党领导抗日斗争的重点地区之一。

中共中央对皖东地区的抗日形势非常关心,1937年12月,指示新四军第四支队东进皖东地区作战。1938年8月,中共中央长江局决定成立以刘顺元为书记的中共皖东工委,加强对该区域抗日斗争的领导。1939年3~4月,第四支队司政机关和特务营到达肥东青龙厂、定远吴圩地区,第四支队第八团和挺进团到达定远藕塘地区。1939年4月下旬,中共中央中原局决定,皖东工委扩大为苏皖省委,刘顺元任书记。9月,经过两个多月的连续作战和发动群众,新四军第四支队开辟了以藕塘为中心的津浦路西抗日游击根据地。与此同时,定远地区的中共组织也得到较快地恢复和发展,先后建立了定(远)凤(阳)工委、定(远)凤(阳)中心县委、藕塘中心区县委等。

1939年12月初,中共中央中原局书记刘少奇(化名胡服)在新四军江北指挥部副指挥兼第四支队司令徐海东陪同下,率中原局机关到达定远县藕塘地区。刘少奇到达皖东后，召开3次中原局会议，进一步传达学习党的六届六中全会精神及巩固华北、发展华中的战略方针，讨论发展华中的战略部署，研究确定建立皖东抗日根据地的方针政策和反"扫荡"、反"摩擦"斗争的策略。为了加强对皖东抗日斗争的领导，1940年1月，中原局决定撤销中共苏皖省委，分别成立中共皖东津浦路东省委和中共皖东津浦路西省委。刘顺元任津浦路西省委书记（5月，刘顺元调任津浦路东省委书记，彭康接任津浦路西省委书记）。1940年3月，在中共中央中原局、新四军江北指挥部的领导下，定远地区军民夺取了津浦路西自卫反击战的胜利。3月17日，皖东地区第一个县级抗日民主政权——定远县抗日民主政府成立。新四军江北指挥部统战科科长魏文伯任县长。与此同时，津浦路西地区党组织配合新四军江北指挥部独立自主地委派了凤阳、滁县、全椒、合肥东南办事处等地的抗日民主政府县长，领导建立了区、乡抗日民主政权和各级抗日群众团体。8月，津浦路西联防办事处成立，津浦路西抗日根据地正式形成。在建立各县抗日民主政府的同时，津浦路西地区县级党组织也相继建立健全，从而在组织上加强了党对抗日根据地的领导。这时，津浦路西省委领导的县级党组织有定远县委、滁县县委、全椒县委、合肥县委、定东南县委等，区、乡党组织也普遍建立起来，并由秘密状态转为公开活动。

皖南事变后，新四军江北指挥部所属第四、第五支队等部改编为新四军第二师，张云逸兼任师长，罗炳辉任副师长，郑位三任政委。1941年5月,中共中央华中局决定,将津浦路东、津浦路西省委改称为津浦路东、津浦路西区党委。黄岩任津浦路西区党委书记。1942年1月,位于淮河以南的皖东抗日根据地已扩大到苏皖边区15个县,称皖东已不合适,便改称为淮南苏皖边区抗日根据地,简称淮南抗日根据地。以定远为中心的津浦路西抗日根据地亦称为淮南津浦路西抗日根据地。

1943年2月,根据党中央决定和中共中央华中局指示,淮南抗日根据地实行党政军"一元化"领导,统一成立了淮南区党委、淮南行署、淮南军区。淮南区党委下辖津浦路东、路西两个地委。谭希林兼任津浦路西地委书记,黄岩任副书记,组织部部长为谭光廷,宣传部部长为孙冶方。淮南军区下辖津浦路东、路西两个军分区。路西军分区由第二师第六旅兼,谭希林兼任路西军分区司令、政委,陈庆先为副司令,黄岩为副政委。淮南行署领导津浦路东、路西两个专员公署。郑抱真任路西专署专员,李竹平任副专员。

1941年至1942年,津浦路西抗日根据地在日、伪、顽军的军事进攻、政治破坏和经济封锁下,处于最艰苦、最困难时期。路西军民在党的领导下,与日、伪、顽军进行了艰苦卓绝的斗争。1941年春,第二师第五旅、第六旅奋战半个月,粉碎了日、伪军3000余人的大"扫荡",毙伤日、伪军500余人。经过大桥战斗、黑郎庙战斗、柏家圩战斗、杞岗攻坚战以及1942年10月的自卫反击战斗,路西军民打退了国民党顽固派军队的进攻,守住了路西阵地。

从1943年下半年开始,津浦路西根据地军民开展攻势作战,不失时机地向淮南铁路两侧日、伪据点发动进攻,并粉碎了日、伪军对根据地的多次"扫荡",收复失地,扩大了解放区。

1945年8月14日,新四军第二师第五旅收复定远县城。

9月2日,日本在投降书上签字,中国抗日战争胜利结束。

抗日战争胜利后,党对淮南地区党政军机构进行了调整。1945年10月,津浦路西地委改称为华中第四地委,黄岩兼任地委书记,津浦路西军分区改称为华中第四军分区,陈庆先兼任司令,黄岩任政委。11月,津浦路西专署改称为华中第四行政区专署,下辖定远、定合、滁全、定凤怀、寿县等5个县,郑抱真任专员,罗平任副专员。

抗日战争胜利后,以蒋介石为首的国民党当局不顾全国人民的反对,悍然发动内战。1946年5月,国民党军队以9个团的兵力向津浦路西地区大举进攻,侵占定远县城和地委所在地藕塘等重镇20余处,解放区军民奋起自卫,皖东境内的解放战争由此开始。地委机关和第六旅主力转移到津浦路东地区。第六旅副旅长李国厚、政治部副主任杨效椿率精干部队组成前方指挥所留在津浦路西地区,组织各地坚持斗争。7月中旬,国民党军队又向津浦路东地区发动全面进攻。为了保存有生力量,7月29日,淮南地区主力部队和党政军机关奉命北撤,国民党军队占领淮南解放区。9月下旬,根据中共中央华中局决定,淮南地区党政军建制全部撤销。

淮南地区党政军机关和主力部队北撤后,津浦路西地区还有多支党领导的游击队在敌后坚持斗争,孙传家、周衣冰领导的津浦路西支队始终战斗在凤阳山区。

淮南战略地位重要,党中央非常关心国民党反动派统治下的淮南地区人民。1946年12月,根据中共中央关于"派部队、派干部恢复淮南、淮北工作必须立即进行"的指示,中共中央华中分局决定组建淮南工委,派遣精干武装和人员,领导开展淮南地区的敌后斗争。1947年4月,中共中央华东局在鲁南做出决定,调整淮南工委组成人员,并成立淮南支队,任命李世农为淮南工委书记兼淮南支队政委,杨效椿为淮南支队司令。杨效椿、李世农分别于1947年4月和7月,率部返回淮南地区,领导全区军民开展恢复淮南解放区的斗争。

1948年2月底,华东野战军第十二纵队司令陈庆先率第三十四旅从苏北南下进入淮南地区,策应刘邓大军在大别山区作战,支援恢复淮南解放区斗争。为了加强对淮南地区的领导,根据华东局决定,重新成立了淮南区党委和淮南军区(由十二纵队兼),由李世农任区党委副书记,陈庆先兼任淮南军区司令。淮南区党委统一领导津浦路东、路西地区党的工作和武装工作。

在坚持津浦路西斗争中,我英勇的路西游击健儿与国民党顽固派正规军、保安团、还乡团等进行大小战斗一百多次,经过老鹰董游击战、凌家湖反击战、攻打能仁寺、老鳖滩歼灭战、塔子山反击战,打败了敌人,壮大了自己,使革命的红旗高高飘扬在凤阳

山上。

1948年1月,原津浦路东东南支队司令艾明山率原津浦路西干部大队百余人从山东返回淮南,到达凤阳山区,与路西支队会合。

1948年3月底,杨效椿奉命率淮南支队第二营从津浦路东盱凤嘉地区挺进到津浦路西。4月6日,华东野战军第十二纵队第三十四旅进入津浦路西地区。4月27日,杨效椿、艾明山在定远县朱家湾附近的大户刘村与路西支队会合。第三十四旅在津浦路西支队、淮南支队二营等配合下与8倍于我的国民党反动军队展开了浴血奋战,夺取了反"百日清剿"的胜利。

1948年4月底,为了加强党的领导,迅速恢复津浦路西解放区,淮南区党委决定,重新成立津浦路西地委、专署、军分区,由杨效椿任地委书记兼军分区政委,罗平任专员,艾明山、孙传家任军分区正、副司令(5月,艾明山调津浦路东地区工作)。路西地委先后领导定凤怀、定凤嘉、定滁、定合等4个县委和全合工委。

1948年6月,江淮区党委成立。津浦路西地委改称为江淮第四地委,津浦路西专员公署改称为江淮第四专署,津浦路西军分区改称为江淮第四军分区。

地委成立后,积极开展对敌斗争,津浦路西形势进一步好转,解放区得到巩固和扩大。

淮海战役胜利结束后,中国人民解放军迅即南下,在津浦路西、路东人民武装配合下,开展解放淮南的战斗。1949年1月18

日,定远县城解放。中共定滁县委、县政府机关迁入定城。1月下旬,江淮四地委决定撤销定滁县、定凤嘉县,成立中共定远县委、县政府。

津浦路西军民积极支援淮海战役和渡江战役,分区和各县都成立后勤司令部、支前司令部,党、政主要领导分任司令、政委,领导支前工作。渡江战役胜利后,定远地区民工组成远征担架团,随军支前2000多公里,运送伤病员和物资。

1949年4月,皖北区党委、皖北行政公署成立。皖北区党委决定,原江淮四地委、四专署,改称为中共定远地委、定远专署。领导成员不变,辖区不变。6月底,皖北区党委、皖北行署又决定将皖北一地委、定远地委合并,组建中共滁县地委;将皖北一专署、定远专署合并,成立滁县专署。中共滁县地委成立,以定远为中心的津浦路西地区历史翻开了新的一页。

# 第一章

## 定远中共组织的建立和吴圩农民暴动

### 一、定远中共组织的建立①

十月革命一声炮响,给中国送来了马克思列宁主义。五四运动既是爱国运动,又是一次新文化运动,它促进了马克思列宁主义在中国的传播。五四运动爆发后,反帝反封建热潮和新文化运动迅速波及定远城乡,对知识分子、青年学生影响很大。定城、炉

---

① 中共定远县委党史办公室:《土地革命战争时期定远党组织的建立与发展》,见中共蚌埠市委党史办公室:《中共长淮特委》,合肥:安徽人民出版社,1991年,第179—183页。

桥、池河等中小学停课集会、游行示威,声援北京学生的反帝反封建爱国运动。在声援北京青年学生的爱国运动中,定远一批学生、青少年接受了新思想、新文化,提高了政治觉悟,其中一部分人从此走上了革命的道路。

五四运动后,定远一些在上海、南京等地读书求学的进步青年,受到新思想、新文化特别是马克思列宁主义的影响,眼界大开。1921年7月,中国共产党成立。党的成立,进一步促进了马克思列宁主义和新思想、新文化的传播。1926年前后,界牌集青年学生李模中在上海加入中国共产主义青年团。土地革命战争时期,定远县一批接受和传播马克思主义的先进分子,在党的领导下,开始筹建中共组织,并积极开展革命活动。1927年冬,李模中回到家乡,宣传进步思想,发展共青团组织。1928年初,共青团界牌集支部成立,李模中任书记,团员有孙萍初等。

1927年冬,定远青山乡的进步青年臧德新带部分红枪会会员去凤阳县琉璃岗为其本家防匪,结识了中共党员方在暄。不久,方在暄发展臧德新加入中国共产党。臧德新成为定远最早的中国共产党党员。之后,方在暄又在定远西乡的永康、臧陈等地发展了王庆春、张汉民等人入党。1928年夏,中共臧陈支部成立,王庆春任支部书记,隶属凤阳县山后区委领导。臧陈党支部建立后,在附近的永康、河北魏、靠山集等地发展党员。1928年底至1929年初,永康、河北魏、枸桔梨王、能仁、靠山、凉亭和西卅店相继建立了党的支部,林明笃、张汉民、王庆春、丁焕成、李续伟、杨敬春、臧德新分别担任支部书记,共有党员230余人。与此同时,各地还发展了一大批团员,永康、枸桔梨王、凉亭和靠山等地分别成立了团支部。1929年春,中共凤阳县委决定,以永康为中心成立中共定西特区委(又称永康特区委),由丁焕成任区委书记,王庆春、李学兵为委员。1930年春,上级党组织对定西特区委进行改组,决定由王锦华任区委书记,张汉民任组织委员,丁焕成改任宣传委员。中共定西特区委原属中共凤阳县委领导,1930年冬,改属中共长淮特委①直接领导。

中共定西特区委建立后,响应党的号召,实行土地革命,开展武装斗争。区委要求各党支部和党小组,向贫苦农民宣传共产党的革命主张,告诉他们共产党是代表劳苦大众利益的,共产党领导穷人打土豪分田地,是劳苦大众的救星。经过宣传发动,在定西,穷人会、帮工队和借粮队等党领导下的群众组织迅速建立、遍布乡村。1931年夏,定西遭受特大水灾,粮食严重歉收,缺粮断炊的灾民比比皆是。土豪劣绅不顾穷人的死活,乘机囤积居奇,放高利贷。党组织适时发动穷人开展借粮、抗债和反高利贷斗争。河北魏的地主魏祥瑞,拒绝穷人借粮,党支部组织了100多个饥民,层层包围了魏的住处,高呼"穷人不该饿死,富家的余粮应借

---

① 1930年前,安徽省津浦路沿线地区中共组织隶属中共江南省委(1931年1月,改为江苏省委)领导,由徐海蚌特委具体指导。1930年11月,中共江南省委决定撤销徐海蚌特委,在蚌埠成立长淮特委,指导津浦铁路沿线的凤阳、定远、盱眙、五河、怀远等县党的工作。

出来救人"等口号,魏十分恐慌,只好开仓借粮。炉桥地区的大土豪俞佛航,公然扣压上千袋救灾面粉,企图从中谋利发横财。定西特区委组织发动1000多名灾民,索要救灾粮,俞佛航蛮横无理,拒不交粮。愤怒的群众冲进仓库,抢运了全部面粉。气急败坏的俞佛航招来一批打手,企图镇压群众,夺回救灾面粉。后见灾民人多势众,未敢妄动。往日耀武扬威、欺压百姓的土豪劣绅,在愤怒的穷人面前,不得不低下了头。党组织还领导穷人与地主进行减轻剥削、增加工钱的说理斗争,地主被迫让步,使帮工汉增加了工钱,佃户减少了租子。通过借粮斗争,广大贫苦农民认识到,共产党是穷人的靠山,共产党是真正帮助穷人的。

1931年夏,遵照长淮特委关于组织工农红军进行暴动、配合红四方面军攻打正阳关的指示,定西特区委决定组织农民暴动。区委要求每个支部组织60名至70名男性青壮年参加暴动,并确定15人作为突击队员,相机攻占永康、炉桥两区署。区委成立暴动指挥部,张汉民任总指挥,臧德新、王庆春任副总指挥。广大贫苦农民纷纷报名参加红军,争当突击队员,几百人的红军队伍很快组织了起来。区委把这支队伍集中在能仁寺一带驻守待命。后因红四方面军取消了攻打正阳关的行动,暴动指挥部决定暂停行动,队伍解散。

1931年秋,定西特区委再次改组,由张汉民任区委书记,臧德新任组织委员,王庆春任宣传委员。经过三次改组,区委组织能力、领导能力得到加强。

1929年春,中共凤阳县临时委员会候补委员、从事工会工作的共产党员秦子扬,因身份暴露,在凤阳无法立足,被迫外出暂避。秦子扬利用同学关系来到定西,到吴圩小学任教,继续从事革命工作。秦子扬经常向学校师生宣传马列主义,将党的刊物《向导》以及《拓荒者》等进步书刊推荐给师生阅读,逐步得到进步师生的支持和拥护。3月,秦子扬发展吴圩小学校长吴云汉加入党组织。7月,发展教师朱阶平(朱正泰)和4名学生入党,并组织成立了吴圩党小组,秦子扬自任组长。这是吴圩地区第一个中国共产党组织。当年暑假期间,吴云汉、朱阶平发展朱家涟(朱天民)等人入党。此后又在吴圩周围农村吸收杨守柱等13位农民入党。1930年1月,秦子扬的共产党员身份再次暴露,为保证吴圩地区党组织的安全,经上级批准,秦子扬撤离吴圩。这时,吴圩已有教师、学生和农民3个党小组。1930年3月,经凤阳县委批准,成立寺门口党支部,由朱阶平任书记,吴云汉、杨守柱为支委。这是吴圩地区最早的党支部。其间,凤阳县委派县委委员宁家友等人到吴圩指导工作,传达上级党组织关于积极发展党员和做好民运工作的指示。

1930年下半年,吴圩地区党团组织迅速发展。山人刘、早香庙党支部相继成立。1931年3月,经上级党组织批准,中共吴圩区委成立,朱阶平任区委书记,杨守柱、朱家涟为委员。区委下辖的支部有:寺门口支部,支部书记为张家和;山人刘支部,支部书记为刘春山(刘朝富);早香庙支部,支部书记为张世祥;南吴支部,支部书记为吴厚业(后叛变);卜店支部,支部书记为方锦忠(方耀华);高塘支部,支部书记为朱学欧;九梓支部,支部书记为李教伍;定城支部,负责人为胡玉群。共有党员180余人。

吴圩区委成立后,向定城发展党组织,"派中共党员张婉如(女)、蔡仞九、武可桢、尹亚龙、许璨霞(女)等到定城开展工作。他们以教书作掩护,进行革命活动。先在定城曲阳小学建立党支部。在校长吴寿如(中共党员,他的公开身份是国民党县党部书记长兼曲阳小学校长)支持下开展工作。不久又建立中国共产主义青年团组织,成立了第一个党团混合支部。团员有周炎坤、李振坤、李纳、忽寿延、耿凤光、穆道元等人。1932年发展到3个支部,这些团员都是思想进步、忠诚老实的青年学生。……当时,团的主要任务是发展组织。同年夏,耿凤光就发展了陈振亚、裴春祥(裴政)、张仲白等同学。周炎坤……在同学中发展了李维伯、陈世鑫、张居正、陈肇林等"[①]。

随着区、乡党团组织的建立,党团员队伍的扩大,农民协会等群众组织的发展,当地迫切需要一个能领导全县区域革命斗争的县级党组织。1931年8月,中共长淮特委决定,在吴圩区委的基础上成立中共定远县委,由朱阶平任书记,戴国兴、杨守柱、朱长松、朱家涟、刘春山为委员。同时成立共青团定远县委,由朱家涟任书记。

---

① 张仲白:《定城共青团组织初期活动的回忆》,见安徽文史资料全书编辑委员会:《安徽文史资料全书·滁州卷》,合肥:安徽人民出版社,2007年,第31页。

## 二、吴圩农民暴动①

中共长淮特委成立后,把发动农民武装暴动、开展土地革命作为中心任务。中共定远县委成立,为定远地区农民暴动做好了组织准备。

吴圩位于定远西南,西连寿县东南(今属长丰县),南接肥东,这里交通闭塞,经济落后,地主恶霸横行乡里,兵匪勾结,欺压百姓,农民破产,生灵涂炭。广大人民群众终日挣扎在死亡线上,中共吴圩区委、定远县委的成立,给老百姓带来了生的希望。

区委、县委成立后,大力发展农民协会组织。1930年夏,霍山县磨子潭乡共产党员戴国兴在家乡组织农民暴动失败后被通缉。戴国兴与吴圩区委委员朱家涟是省立六安三职校同学,他来到吴圩,与党组织接上了关系。戴国兴以教书为掩护,秘密开展建立中共组织和农民协会工作。戴国兴有组建农民协会的经验。他经常在夜间深入农家,访贫问苦,举办夜校,宣传革命道理。他编写了儿歌,唱道:"我家也有爹和娘,爱惜儿女心,何尝不一样?为

---

① 鲁传殿,朱开惠:《定远吴圩农民暴动》,见中共蚌埠市党史办公室:《中共长淮特委》,合肥:安徽人民出版社,1991年,第184—187页。

什么偏要我替人家把牛放。整天赤着脚,身上无衣裳;渴了喝凉水,挨打是经常;一到放牛岗,两眼泪汪汪;想起终身事,一辈子无指望;哪来钱讨老婆,过得好时光。黑暗的社会,逼得穷人这个样。"儿歌揭露国民党、反动军阀统治的黑暗,反映农民孩子生活的痛苦和悲惨,以唤醒贫苦农民争自由、求解放的觉悟。

经过宣传发动,分散的农民很快组织起来,3～5户为一组,经常在一起活动,议论加入农民协会的好处和穷人当家做主的道理。1930年底,党在吴圩地区组建了上千人的农民协会。为了争取更多的农民加入农民协会,1931年夏,戴国兴还编排文艺节目,带领吴圩小学学生和党员利用逢集人多的机会到街头宣传演出。戴国兴亲自演出反映农民悲惨生活的节目《贫农泪》,他与学生李敬德(李奉三)扮演剧中父子。节目内容感染力强,台上台下,泣不成声,反响强烈,有力地促进了贫苦农民加入农民协会组织。1931年,吴圩地区农民协会会员发展到数千人。

1931年8月19日,定远县委在吴圩东小朱家召开支部书记会议。会议开始后不久,县委通讯员跑到会场报告说,早香庙部分农民因抗交高额租税,被地主诬告为土匪,县警队要来抓人,恳求保护。县委当即决定派负责军事的县委委员刘春山带精干的赤卫队员赶往早香庙营救。8月20日晨,刘春山率部在早香庙与县警队相遇,发生枪战。由于熟悉地形和当地群众的大力帮助,赤卫队打死警员1名,赶跑了县警队。早香庙战斗胜利后,群众纷纷要求攻打当地的大地主张再贵、吴少臣的圩子。县委考虑到党组织和赤卫队已暴露，决定立即组织农民武装暴动。

8月21日至25日，吴圩、九梓、站岗、卜店一带村庄，到处出现"红军是穷人的队伍""共产党是穷人的大救星""打土豪、分田地"等标语，许多热血青年积极报名参加赤卫队。东起高塘，西到杜集，南到卜店，北到朱湾，方圆40多里近百个村庄的农民群众都动员起来了。8月23日晚，中共定远县委在山人刘召开全体党团员、赤卫队员大会，宣布成立红军司令部，举行武装暴动。县委决定，戴国兴任红军司令部政委兼暴动总指挥，刘春山任副总指挥，同时成立长淮特委游击大队，直属司令部领导，刘春山兼任大队长。戴国兴在大会上宣布了行动计划，即先打张再贵，后打吴少臣等大地主，夺取枪支扩大武装。一旦时机成熟，就攻打定城，成立苏维埃政权。

会后，农民赤卫队向坝张进发，包围了张再贵的圩子。不料张再贵事先得到消息，已带家人携枪支逃跑。愤怒的农民赤卫队破仓分粮，放火烧了地主的房子。暴动的消息传开，当地地主豪绅惊恐万状，国民党官府如临灭顶之灾。定远县县长张元群向省府报告："我邑西南境内愚民蠢动，哄传共党插手，煽动暴乱。恳祈速派大军进剿，防患未然。否则，匪祸弥漫，恐难收拾。"

8月25日夜，中共定远县委在山人刘再次召开党团员、赤卫队员、农会会员大会，号召各支部进一步扩大武装，筹集粮草和枪支弹药，准备迎击敌人的进攻。参加会议的有1000余人。张再贵逃跑后，勾结县保安大队，并与大地主吴少臣结盟。26日，张再

▲ 吴圩农民暴动纪念碑

贵儿子张慕韩（国民党军队营长）带领千余人、几百支枪围剿县委所在地山人刘。县委在敌人到达前得到情报，通知各赤卫队迅速集合迎敌。由于赤卫队员居住分散，一时不易集中，县委带领部分赤卫队员边战边撤。当撤至荒地吴村时，戴国兴被混进赤卫队的反动分子吴厚业父子杀害，朱阶平头部负伤被俘。吴圩农民暴动失败。

吴圩农民暴动是中共定远县委贯彻执行党的八七会议精神的具体行动，是土地革命战争时期党领导的苏皖区域农民暴动的

▲ 戴国兴烈士墓碑

重要组成部分,虽因敌强我弱失败了,但它是共产党领导人民群众,用革命的手段,反抗国民党反动统治的一次勇敢的尝试。它狠杀了土豪劣绅的威风,大长了广大人民群众的志气,显示了中共组织的力量,为此后定远人民的革命斗争播下了火种。

## 三、定远地区党团组织的坚持和斗争

1932年夏,长淮特委派团员翟长林到定西特区帮助工作。4个月后,翟长林叛变投敌,并带领国民党军警到永康一带抓捕共产党员,一时间,白色恐怖笼罩定西大地。定西特区委组织党员外出避难。区委书记张汉民外出避难时在蚌埠被捕。其余党员大部隐蔽,部分被捕。至年底,定西特区委及所属支部,被迫停止活动。

吴圩农民暴动失败后,国民党定远县政府派军警在吴圩到处抓捕共产党员和革命群众,并放火烧毁了山人刘、小朱家、小魏户等党员、赤卫队员较多的村庄。吴圩地区的中共党员被迫出走或隐蔽,党组织遭破坏,被迫停止活动。

1931年9月,中共长淮特委派凤阳县委书记陈新然(张曙光)和爱人魏学如(魏炳英,化名王少青),到吴圩地区进行党组织的恢复发展工作。不久,又派刘峰协助陈新然工作。陈新然与原定远县委书记朱阶平接上头后,即住卜店附近的长里徐,白天教书,夜晚寻找隐蔽的党员。很快他们与党员吴云汉、方锦忠等接上了头,恢复了卜店党小组(后改为支部)。接着在长里徐发展朱正富等7人入党,新建了长里徐党支部,卜正广(后为朱正富)任支书。10月,通过原九梓党支部书记李教伍(后叛变)、李奉三等,恢复了九梓集党支部。此后,又恢复吴圩、山人刘、寺门口和早香庙党支部,并新建了小欧和杜集党支部。

1932年春,陈新然在定(远)合(肥)边界的鄂陈和造甲店一带活动,成立了有30多人参加的贫农协会,发展了7名党员,成立了党小组。魏学如在住地周围的女青年中开展宣传教育,成立了有近10名女青年参加的姐妹团。姐妹团人数虽少,但它是党领

▲ 修缮后的农民赤卫队员李敬德(李奉三)故居

导的定远最早的妇女组织。吴圩地区的党组织基本恢复之后,陈新然又进入定城,具体指导党团活动,建立定城党团混合支部(胡玉群是该支部负责人)。

1932年5月,吴圩地区的党员发展到近百人,其中新发展的党员就有50余人。该年秋,正当陈新然着手筹备重建中共定远县委时,长淮特委宣传委员武飞(许少声)赶到吴圩,通报特委军事部部长刘小平叛变和特委遭破坏情况,陈新然、许少声随即转移到凤阳临淮关。因无法立足和开展工作,年底,陈新然等撤往徐州。

1934年初,定城党团组织与上级失去了联系。"正在这时,蔡仞九来了(他已叛变,被国民党委任为定远肃反专员),他说:'书不教了,准备找事做。'在定城住了几天又走了……4月里,又来了一个蔡炳鑫,住在北门古堆王王子东家,说是从凤阳逃出来的共产党员,与王姓至交。李振坤不了解情况,就经他的同学王业树介绍盲目去接头,把蔡引到城内来与张居正接洽。结果,在张向蔡询问上级情况过程中,反把我们的情况泄露了。5月,蔡炳鑫到南京国民党中央党部告密,出卖了定城团组织,并带领警察于端午节前一天到定城逮捕了张居正、陈振亚、胡玉田、王志祥、胡玉群(轶臣)、陈世九、李振坤等15名团员。"[1]至此,定远党团组织被彻底破坏,停止活动。

被捕的同志在定城关押10天后经蚌埠送到南京宪兵司令部拘留羁押。在羁押期间,15名团员一个一个被审问。由于年龄小,都是学生,结果是一问三不知,敌人毫无办法。陈振亚当时仅有15岁。后经孩子们的家长多方营救,重阳节时,除张居正外,其他14人被保释出来。张居正被判6个月有期徒刑,送安庆感化院改造。

---

[1] 张仲白:《定城共青团组织初期活动的回忆》,见安徽文史资料全书编辑委员会:《安徽文史资料全书:滁州卷》,合肥:安徽人民出版社,2007年,第33页。

# 第二章

## 定远中共组织恢复重建和新四军第四支队东进到达定远

### 一、定远地区民众抗日救亡斗争

1937年7月7日,日军制造卢沟桥事变,中国抗日战争全面爆发。12月13日,日军攻陷南京。12月18日,皖东重镇滁县沦陷。国民党第五战区司令长官李宗仁(兼安徽省政府主席)率第十一集团军第三十一军和第二十一集团军第七军、第四十八军,东北军于学忠部第五十一军,以及安徽省第七、第九保安团等部在津浦铁路南段、淮河南岸皖东地区顽强阻击日军进攻,由于敌强我弱,皖东地区阻击战和淮河阻击战最终失败。

1938年2月2日,日军占领临淮关、凤阳、定远。5月14日,合肥失陷。5月19日,日军占领徐州。至此,津浦路南段全部沦入敌手,国民党军队在皖东、皖北正面战场抗战始告结束。

日军占领皖东后,实行惨无人道的"三光政策",造成了巨大的灾难。1937年12月至1939年9月,日军飞机10余次轰炸定远城乡,炸死、炸伤平民百姓1251人,炸毁房屋6600间。1938年1月下旬,日军"扫荡"藕塘仁和岗刘村,用刺刀杀死群众26人,烧掉房子500间。1月底,日军占领池河,烧毁民房3000间。2月初,日军占领定城后,烧毁房屋6000间,抢光数百家商店财物。日军"扫荡"西卅店,杀害群众40人,烧毁民房1000间。8月10日,日军"扫荡"吴圩地区,杀人、放火,百姓死伤无数,仅卜店没及时逃命的老弱病残50余人全部被日军杀害,日军还放火烧毁民房1455间。1939年4月,日军"扫荡"池河、练铺、三和集,烧民房2000间。日军在练铺杀害37人,其中军人12人,当地群众21人,盐贩4人。① 哪里有压迫,哪里就有反抗,面对日军的凶残暴行,定远广大民众擦干了眼泪,掩埋了亲人的尸体,自发地组织起来,同日军开展了英勇的斗争。

日寇在定远的暴行,激起县城西南早庙乡热血青年孙克有的满腔仇恨,他奔走于张桥、高塘、站岗和吴圩等乡镇,组织红枪会

---

① 定远县抗损课题组:《定远县抗战时期人口伤亡和财产损失调研报告》,见中共滁州市委党史研究室:《安徽省抗日战争时期人口伤亡和财产损失:滁州卷(B·皖—9)》,北京:中共党史出版社,2010年,第59—60页。

抗击日军。很快,孙克有就拉起了近千人的队伍。红枪会会众称孙克有为孙大架。1938年2月14日(元宵节)上午,定城日军乘四五辆汽车到高塘"扫荡",孙大架率500余会众在距县城5公里的严桥一带公路两旁设伏。太阳偏西时,日军的车队向定城方向行驶,孙大架指挥红枪会会众用步枪、火枪向日军猛烈射击,打得敌人抱头鼠窜,仓皇逃回县城。此役打死、打伤日军20余人,缴获大洋马一匹和许多军用物资。6月2日,孙大架的红枪会会众在耿巷乡黄李村与日军遭遇,红枪会会众死伤20余人,队伍被打散。

据1938年6月10日《前进的安徽》创刊号记载,凤阳、定远两县失陷后,"两县人民,纷纷武装自卫,自动成立的游击队,自几十人以至几百人的,不计其数。其中定远的方绍舟老先生,以七十一岁的高龄,统率三千多人,与由池河退下来的正规军打成一片,专伺日军之隙,而采用突击式的游击战术,最为日军心腹之患"。1938年1月1日,驻守在蚌埠的国民党第五战区第三十一军军长刘士毅任命方绍舟为凤定抗日别动队司令。凤定抗日别动队是以红枪会为主体的农民抗日队伍,1938年2月至6月,在短短的4个月时间里,凤定抗日别动队在方绍舟的带领下,在凤阳、定远、寿县一带10余次重创日军。

定远民众自发的抗日救亡运动,沉重打击了侵略者,鼓舞了广大人民群众的斗志,为新四军东进定远抗日,开辟根据地,奠定了广泛的群众基础。

方绍舟(1867—1940),名壁,定远县炉桥镇人。方绍舟幼年聪颖好学,学业出萃。戊戌变法后,在维新派"兴办学校,发展教育"思想的影响下,他在家乡创办储材小学堂,宣传新思想、新文化,并担任校长。1907年5月,方绍舟由郑赞丞、凌蕉庵介绍加入孙中山领导的同盟会。

辛亥革命爆发后,方绍舟积极响应,组织民团,建立队伍。1911年11月8日,方绍舟率领300多人从炉桥出发,攻打定城。经过一天激战,清兵溃败,起义军于当日黄昏时分光复定城。各界人士一致拥戴方绍舟执掌政权。

1912年2月,南北停战议和,方绍舟退役。

1913年,孙中山领导二次革命。方绍舟被任命为安徽讨袁军补充旅旅长,驻防寿县。二次革命失败后,1914年春,孙中山在上海任命方绍舟为讨袁军皖北总司令,令其回皖再举讨袁义旗。方绍舟在寿、凤、定、滁一带很快联络一批淮上起义人士,组织起一支几百人的反袁队伍,并且迅速攻占了定远县城。袁世凯亲信、安徽督军倪嗣冲闻讯命令其部下华百庵率领重兵,火速南下,将定城包围起来。方绍舟指挥讨袁军抗击数倍之敌,坚守城池两天两夜,但终因众寡悬殊,城池被倪军攻破,百余名讨袁官兵遭倪军惨杀。方绍舟率领部分突围人员逃往上海,其家产被没收,其人被通缉。方绍舟到上海不久又东渡

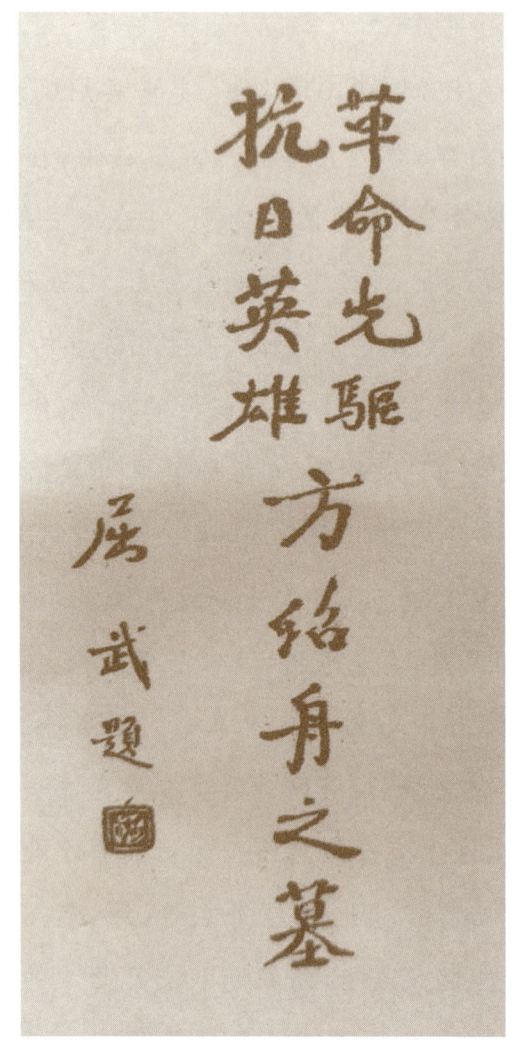

▲ 全国政协原常委、民革中央主席屈武为方绍舟墓碑题字

日本。在东京,他很快与孙中山先生取得联系。1914年7月,他加入孙中山在日本东京组建的中华革命党。

1926年,国民革命军兴师北伐,方绍舟回安徽任国民革命军第三十三军别动队司令,率领民团和红枪会于农历八月十五日攻占定城,随后又助第十军攻克凤阳。1927年,方绍舟被三十三军柏文蔚军长委任为凤阳县县长。1930年,被当时安徽省主席马福祥委任为定远县县长(未到任)。其后,因年高去职归田,在家捐资办学,致力于发展教育事业。

抗日战争爆发后,方绍舟已年逾古稀,但报国志高,杀敌心切,他以卫国保乡为己任,组织一支以红枪会为主体的农民抗日队伍,在敌后开展游击战争。1938年正月,定远被日寇占领,方绍舟家中所有男丁皆随军征战,女眷未及逃出,于农历正月初五在凤阳县武店山马村遭日寇掳掠。弟媳唐氏、儿媳汪氏为保全气节,免遭凌辱,携5岁曾孙女投水自尽。此一可歌可泣事迹,当时全国各大报纸都有报道。国民政府以"坤维正气"四字匾额赠其弟媳,以"义烈流芳"四字匾额赠其儿媳,以资褒扬。

1940年春,方绍舟受民国安徽省政府委托,回定、凤两县办理战区赈济工作(任省政府参议兼省赈济会委员)。此时,已叛变投敌的凤阳县抗日游击大队长曹世嘉暗中与凤阳伪军头子叶茂才勾结,想以杀害方绍舟作为向日军献媚取宠、邀功请赏的见面礼。在探明方绍舟住处后,曹世嘉借新四军游击大队长身份作掩护,以"拜访"为名,于农历四月十五日傍晚率领40名武装人员进入方绍舟住地小营庄。方绍舟在毫无戒备情况下,被曹诱骗到卸甲店附近麦田里惨遭杀害。

方绍舟的牺牲,使定、凤两县抗日军民深感震惊和悲痛,国共两党分别召开追悼会,沉痛悼念这位为民族解放事业而献身的抗日英雄。方绍舟一生致力于革命,在辛亥革命、二次革命、护国和护法运动、北伐和抗日战争中,始终坚定不移地站在民主、进步、爱国立场上,进行了不屈不挠的斗争,他无愧于"革命先驱、抗日英雄"之称号。

## 二、新四军第四支队东进到达定远

新四军是中国共产党领导的抗日武装。1937年10月,国共两党经谈判达成协议,将活动在南方八省边界地区的红军和游击队改编为国民革命军陆军新编第四军。1938年2月,根据中共中央指示,原鄂豫皖边区红二十八军和豫鄂边区(桐柏山)红军游击队改编为新四军第四支队。第四支队,由高敬亭任司令、林维先任参谋长、萧望东任政治部主任,下辖第七、第八、第九团和手枪团及直属队,共3100余人。3月,戴季英任第四支队政治部主任。

3月8日,遵照中共中央指示和军部命令,新四军第四支队誓师东进,开赴敌后战场。

1938年9月,第四支队第八团在团长周骏鸣、政委林凯率领下越过淮南铁路进入皖东,在肥东、全椒、滁县一带展开。11月,第八团东进到达全椒县大马厂。1939年2月,新四军参谋长张云逸率军部特务营来到皖东,直接领导第八团开辟皖东地区。3月,林维先、戴季英率第四支队司政机关和特务营挺进到肥东青龙厂和定远吴圩地区。3月下旬,第八团离开大马厂向定东南地区挺进。4月下旬,第八团在藕塘附近窝子寺扩编为第八团和挺进团两个团。成钧任挺进团团长,祝世凤任政委,程明远任政治部主任。随后,第八团在定远藕塘地区开展活动,挺进团奔赴定、凤交界地区,开展抗日斗争。

为了加强对新四军江北部队的领导,经党中央批准,5月中旬,新四军江北指挥部在庐江东汤池成立,张云逸兼任指挥,邓子恢兼任政治部主任,赖传珠任参谋长。6月15日,中央书记处任命徐海东为江北指挥部副指挥。江北指挥部成立后,根据党中央和新四军军部指示,立即整编部队,将新四军在长江以北地区部队扩编为第四、第五支队和江北游击纵队。第四支队,徐海东任司令,戴季英任政委,林维先任副司令,戴季英兼任政治部主任,谭希林任参谋长,下辖第七、第九、第十四团和教导大队。以第四支队第八团为基础扩编成立第五支队。7月1日,第五支队在定远安子集正式成立,罗炳辉任司令,郭述申任政委,周骏鸣任副司令,赵启民任参谋长,方毅任政治部主任(后张劲夫),下辖第八、第十、第十五团和教导大队。江北游击纵队由孙仲德任司令,黄岩任

▲ 新四军江北指挥部指挥张云逸

政委,桂逢洲任参谋长,桂蓬(黄育贤)任政治部主任,下辖三个大队。

整编后,新四军江北指挥部所属部队除留一部在皖中地区活动外,其主力开赴皖东。第四、第五支队在津浦铁路南段两侧地区迅速展开。第四支队主要活动在津浦路西地区。第七、第九团在定远以南滁县、全椒以北一带打游击;第十四团在定远、凤阳、怀远一带打击日、伪军。

经过两个多月的发动群众、连续战斗,第四支队开辟了以定远藕塘为中心的津浦路西抗日游击根据地。

1939年10月,在张云逸率领下,新四军江北指挥部机关进驻定远藕塘附近山黄家(今界牌集镇朗峰村山黄村民组)。张云逸来到定远,加强了皖东地区对敌斗争的领导力量。

## 三、定远中共组织的恢复和重建

南京、徐州失守后,安徽大部陷入敌手,为了推动国共合作抗日,动员、组织广大民众投入抗日救亡活动,广泛开展抗日游击战争,中共中央在积极部署新四军开赴安徽大江南北抗日战场的同时,还不断派遣党的干部分赴安徽各地恢复、重建和发展党的组织。

1938年5月22日,中共中央书记处发出《关于徐州失守后对华中工作的指示》,要求中共中央长江局在津浦路以东、陇海路以南、长江以北的广大地区内,建立一个能独立领导工作的工委。根据中共中央指示,1938年8月,中共中央长江局决定成立中共皖东工委,任命刘顺元为工委书记,李世农为组织部部长,喻屏为宣传部部长,谭光廷为民运部部长。皖东工委成立后,主要活动在淮南铁路和津浦铁路之间的津浦路西地区。定远县全境在皖东工委工作范围内。皖东工委跟随新四军主力部队活动,协助新四军第四支队组织民运工作团、队,以军队名义吸收知识青年开展民运工作,同时在地方上物色人选,发展党员。

1939年4月24日,中共中央发出《关于建立皖东抗日根据地的指示》。为适应形势发展的需要,中共中央中原局于4月下旬决定,撤销皖东工委,成立中共苏皖省委,由刘顺元任书记,李世农、喻屏、谭光廷、郭述申、方毅等为委员。苏皖省委成立后,在皖东地区大力发展党的组织。

1939年4月,新四军第四支队和皖东工委(后苏皖省委)分别向藕塘、仁和等地派出民运工作组,恢复发展党组织。到10月,先后成立了藕塘、仁和、永宁、老人仓、安子集、大桥、三官和章广(今属滁州市南谯区)等8个党支部。后又组建藕塘、得胜集、老人仓、大桥、安子集和章广等6个区委。其中,樊西曼任藕塘区委书记,杨寒任安子集区委书记,杨彬任老人仓区委书记。为了加强党的领导,1939年12月,经苏皖省委批准,成立了中共藕塘中心区县委,由彭康任县委书记,孙湘、王榕、樊西曼、杨寒、杨彬等为委员。

1938年底,安徽省动委会第四工作团(后改为委托第七工作团)在团长李教清(中共党员)率领下到定远西南地区永康、青洛、朱湾和吴圩一带开展抗日救亡活动。1939年初,随工作团活动的中共党员孟平(女,原名唐觉民)、鲍刚,受党组织派遣,到永康一带开展组织恢复重建工作。孟平等通过秘密工作,与土地革命战争时期的老党员臧德新等取得了联系。9月,经苏皖省委批准,成立中共定凤工委,孟平任书记,鲍刚、曹世嘉(后叛变)为委员。

1939年2月,李教清率省动委会直属第六工作团到凤阳县开展工作。4月,新四军第四支队挺进团政治处主任程明远在凤阳黄泥铺与李教清取得联系,双方在黄泥铺南山里召开中共定(远)凤(阳)县委成立会议,县委具体分工:程明远任书记,曹世嘉任组织部部长,李教清任宣传部部长,臧德新负责总务工作。后因形势发生变化,挺进团离开定、凤交界地区,县委仅召开一次会议即停止活动。①

1939年秋,中共党员石光带领新四军第四支队民运工作组在定远、凤阳结合部活动。11月,苏皖省委决定,成立中共定凤中心县委,由石光任书记,王新波任组织部部长,李景义任宣传部部长。中心县委成立后,原定凤工委改称定西工委,主要活动在定西地区,由中心县委领导。

这时,进入津浦路西定远、全椒、滁县、凤阳等地区的中共组织和新四军部队没有条件完整准确地传达学习党的六届六中全会精神,加上受王明"一切经过统一战线"右倾错误影响,不敢放手发动群众、扩大人民武装,没有建立根据地,甚至有些党的干部还喊出了"帮助国民党第五路军建立大别山根据地"的糊涂口号,丧失了发展的大好时机,将大片地区拱手让给国民党。从1938年春开始,国民党安徽省政府在皖东恢复行政秩序。该年春,将

---

① 李教清:《省动委会第六工作团在定远》,见中共定远县委党史办公室:《曲阳烽火》,合肥:安徽人民出版社,1991年,第58—59页。

管辖皖东地区的第五行政督察区专员公署,迁到全椒县古河镇,任命赵凤藻为专员兼保安司令。占领定远城的日军撤退后,1938年6月2日,国民党定远县长胡仁峰率县政府人员进入定远城。11月,国民党安徽省政府在定远设立皖北行政公署,任命颜仁毅为主任和第五战区第十二游击纵队司令。皖北行政公署驻定远城南10多公里的杭家圩子。1938年冬,李本一任第五行政督察区专员公署专员兼保安司令。李本一收罗地方土杂武装,组建第五战区第十游击纵队,自任司令。至此,皖东行政完全在桂系控制之下。

# 第三章

## 刘少奇在皖东

### 一、刘少奇到皖东

1938年9月29日至11月6日,中国共产党在延安召开了六届六中全会。为了巩固和扩大抗日民族统一战线,会议着重批判了王明"一切经过统一战线""一切服从统一战线"的错误主张。全会确定了大力巩固华北、发展华中的战略方针。全会决定撤销长江局,设立南方局(周恩来为书记)和中原局(刘少奇为书记),东南分局改为东南局(项英仍为书记)。11月9日,中共中央政治局发出《关于中原局组成及管辖区域的通知》,决定:"以胡服、朱瑞、朱理治、彭雪枫、郑位三为中央中原局委员,以胡服兼中原局

书记。"还规定"所有长江以北河南、湖北、安徽、江苏地区党的工作,概归中原局指导"①。同月23日,刘少奇(化名胡服)与朱理治、李先念、郭述申等从延安启程赴华中。刘少奇一行于1939年1月28日到达河南省确山县竹沟镇新四军第四支队第八团留守处,正式建立中原局领导机关。3月18日,刘少奇接中央通知,返回延安开会。中原局工作由朱理治代理。

为进一步传达贯彻中共六届六中全会确定的"巩固华北、发展华中"的战略方针,加强对长江以北地区乃至整个华中地区党和抗战工作的指导,1939年9月15日,刘少奇从延安再次南下华中,新四军江北指挥部副指挥兼第四支队司令徐海东等40多名干部同行。9月21日,刘少奇、徐海东等到达河南省确山县竹沟镇。10月下旬,刘少奇、徐海东等离开竹沟向皖东进发。11月6日,到达新四军第六支队司令部所在地安徽涡阳以北的新兴集。11月底,由彭雪枫派部队护送,刘少奇率中原局机关南渡淮河,经正阳关前往皖东。12月初,刘少奇、徐海东抵达津浦路西定远县藕塘附近的山黄家新四军江北指挥部。

刘少奇和中共中央中原局机关到达皖东后,随新四军江北指挥部行动。1939年12月至1940年3月,先后驻定远与滁县交界地区的瓦屋薛(今滁州市南谯区章广镇太平集村瓦屋薛村民组)、得胜集,定远县的山黄家、湾杨村。刘少奇在定远地区战斗和生

---

① 中国人民解放军历史资料丛书编审委员会:《新四军·文献(1)》,北京:解放军出版社,1988年,第117页。

▲ 中共中央中原局书记刘少奇

活了4个多月时间,在主持华中全局工作的同时,直接领导定远军民开展抗日斗争,创建了皖东抗日根据地。

## 二、三次中原局会议

刘少奇到达皖东后,立即向军队、地方党组织和党员干部传达党的六届六中全会确定的"巩固华北、发展华中"的战略方针。

刘少奇连续几天开会了解情况,持续的劳累使他病倒了。1939年12月14日,他电告中央书记处:"一、我到皖东已数日,情况大体了解。海东已去四支队兼司令,戴季英任政委兼主任。四、五两支队减员很大,人数均不充足。地方工作薄弱,建立根据地的观念甚微弱。二、我近胃病大发,尚未开会讨论和报告。国民党则在反攻津浦路口号下,调集相当大的兵力到皖东向我压迫,命令我们过江南。"①从这个电报也可以看出当时皖东新四军第四、第五支队的艰难处境。怎样在这种艰难处境下打开新的局面,是一个严峻的课题。

为了在皖东立足生根、打开局面,刘少奇把主要精力放在传达、宣传党的六届六中全会精神上。1939年12月至1940年2月,他先后主持召开了三次中原局会议。

12月中旬,经过短暂休息后,刘少奇的病情有了好转,他便主持召开到达皖东后的第一次中原局会议。徐海东回忆道:"第一次中原局会议是1939年12月在滁县、定远交界处瓦屋薛村召开的……少奇分析了新四军存在的问题:方向不明确,……没有抗日根据地等。会议批评了右倾错误,布置了华中的工作,解决了组织问题,确定了发展方向。"②

---

① 刘少奇:《刘少奇到达皖东致中共中央书记处电(1939年12月14日)》,见《刘少奇在皖东》编审委员会:《刘少奇在皖东》,北京:中共党史出版社,1990年,第21页。

② 徐海东:《回忆在皖东召开的三次中原局会议》,见《刘少奇在皖东》编审委员会:《刘少奇在皖东》,北京:中共党史出版社,1990年,第102页。

▲ 刘少奇在定远大桥集

这次会议,对于发展华中具有十分重要的意义,会议解决了新四军的战略发展方向问题。当时,新四军第四、第五支队虽然在津浦路两侧实现了初步战略展开,但整个华中地区的工作还缺乏积极地、大胆地深入敌后的打算。长江以北的新四军来自各方,各有自己的发展计划,有的主张向西,有的主张向北,还有的主张将已到达江北的新四军部队撤回江南。发展方向问题如果不解决,发展华中的战略任务就无法实现。

刘少奇在南下华中行程中,一路上就在考虑这个问题。1939年11月11日,刘少奇致电中央,提出豫皖苏地区第六支队应向

▲ 1940年春,新四军江北指挥部副指挥兼第四支队司令徐海东在定远藕塘留影

东发展。11月19日,中共中央书记处复电刘少奇等,要求整个江北的新四军"广泛猛烈的向东发展,一直发展到海边上去,不到海边决不应停止。一切有敌人而无国民党军队的区域,均应坚决的尽量的但是有计划有步骤地去发展。在此广大区域,应发展抗日武装(正规的与地方的)5万至10万人枪,唯须指导下级避免与韩德勤的基本区域发生冲突,注意争取一切国民党与地主绅士之同情者与之建立合作关系,正确掌握统一战线原则"①。

在此次中原局会议上,刘少奇明确提出新四军的发展方向不是向北,不是向西,更不是向南,而是按照中共中央的战略意图向

---

① 《中共中央关于新四军向东面海边发展的指示(1939年11月19日)》,见《淮南抗日根据地》编审委员会:《淮南抗日根据地》,北京:中共党史资料出版社,1987年,第24页。

东发展。他分析了华中的敌、我、友情况,指出豫皖边和皖东地区都背靠国民党统治地区,如果向西发展,将同国民党第一、第五战区发生冲突,受到他们的限制,而且不易取得中间势力的同情。北上华北,南渡长江,不能打开新的局面。而东面的苏北地域辽阔,属敌后,有驰骋回旋的广大地盘。国民党江苏省政府代主席韩德勤暗中勾结日伪,欺压百姓,受到人民痛恨,群众欢迎新四军东进,领导他们进行抗日斗争。苏北又靠近山东,可以同八路军相互依托,相互策应。"因此,苏北是我们的战略突击方向,应集中力量向这一地区发展。"①

根据刘少奇的意见,中原局会议进行了充分讨论,进一步明确了新四军的发展方向。1939年12月19日,刘少奇致电中央书记处,他说:"在武汉失守前后,大约有好几个月时间,使我们完全有可能建立相当完满的皖东抗日根据地,我们是失去了历史发展这种特殊的窘迫。如果敌情及全国大局没有大的变化,目前我们在皖东只能求得某种有限度的发展,而有大发展希望的地区是在江苏北部……江苏北部我们都没有正(规)部队及党的机关去活动,亦无地方党,而这又是有最大发展希望的地区。因此,这是我们突击的方向,应集中最大力量向这方面发展……如第四、第五支队扫敌东进至苏北,则后方难联络,皖东即会失去,且对苏北地区不熟,不一定能立足,太冒险……因此,以依靠豫东、皖东北雪

---

① 刘顺元:《刘少奇在皖东敌后》,见《刘少奇在皖东》编审委员会:《刘少奇在皖东》,北京:中共党史出版社,1990年,第112页。

枫、爱萍地区向苏北发展为最好,并可与山东联系……我们在淮阴以北发展,立定脚跟后,即可向南发展,即可配合七、八两团及江南部队向东、北发展。"①

但敌、我、友三方情况的变化改变了这一计划。首先是日本侵略军向皖东地区发动了第一次大"扫荡"。1939年12月21日至23日,日、伪军由南京、明光、蚌埠等处出动2000余人,开到滁县、沙河集、全椒等地,分三路向皖东新四军第四支队驻地全椒县周家岗地区进攻。新四军第四支队司令徐海东根据敌情和刘少奇、张云逸关于避敌锋芒,击其弱翼,精心捕捉战机,充分利用有利地形,出敌不意在运动中给以歼灭性打击,以缩小"扫荡"范围,缩短"扫荡"时间,减少人民损失的指示精神,率部同日、伪军激战三昼夜,歼敌160余人,夺取了周家岗反"扫荡"战斗的胜利。此次战斗胜利,扩大了新四军的政治影响,为建立皖东抗日根据地奠定了基础。但皖东地区的这种严重敌情也改变了刘少奇原来打算从第四、第五支队各抽调一部北渡淮河,会合豫东、皖东北的第六支队发展苏北的计划。第二,国民党顽固派已在抗日战争时期发动第一次反共高潮,加紧反共"摩擦"。韩德勤部有5个团的兵力向皖东地区推进,鲁苏战区总司令于学忠部也有一部向这个地区移动。皖东局势紧张,一时无力他顾。第三,党内还存在着

---

① 刘少奇:《刘少奇关于目前华中发展地区及工作部署致中共中央书记处等电(1939年12月19日)》,见《刘少奇在皖东》编审委员会:《刘少奇在皖东》,北京:中共党史出版社,1990年,第22—24页。

不同意见。因此,刘少奇向中共中央请示:"在全国形势紧张国共摩擦加紧之情况下,四、五支队部队以不变更目前布置为好。前电建议抽调四、五支队部队各一部去淮河北岸发展之计划,是否取消?目前四、五支队确定在原地区活动,加紧扩大部队,整理训练,组织游击队,组织群众,加强我军在这一地区的工作,求得生根与巩固,以准备应付可能之武装摩擦。"①

这样,在大力发展苏北前建立皖东抗日根据地成为刘少奇首先需要解决的问题。为此,1940年1月,刘少奇在定远县山黄家村再次主持召开中原局会议,着重讨论这个问题。

国共两党在皖东都有驻军,要建立中国共产党领导的敌后抗日根据地,正确处理同国民党的关系至关重要。这时国民党已把限共政策推进一步,实行以军事限共为主、政治限共为辅,新四军在华中需要准备对付局部的突然事变。这正是华中地区的党组织原来没有解决好的问题。刘少奇经过一个多月的了解,深深感到新四军第四、第五支队"在领导思想中有原则的缺点,没有坚定而明确的发展自己力量的方针,在建军与精兵主义口号下,放松了发展。在统一战线中对同盟者顾虑太多,常不肯超出同盟者意志之外去行动和发展,因此放弃了许多发展的机会。最近的部队是缩小了,有枪无人背,每连五六十人至七八十人。创立根据地

---

① 刘少奇:《刘少奇致中共中央书记处并项英电(1939年12月27日)》,见中共中央文献研究室:《刘少奇传:上》,北京:中央文献出版社,1998年,第364页。

的思想弱,不具体了解没有用心去进行地方工作和解决部队的给养"①。

针对这些问题,刘少奇在会上发表了重要讲话,他批判了"一切经过统一战线"的口号。他指出:"发展抗日人民武装,壮大人民力量,他们绝不会同意。'一切经过统一战线'就是一切经过国民党,这就把我们自己的手脚捆了起来。……有人反对'招兵买马',刘少奇说,打日军要用枪来打嘛!有枪就得有兵,为抗日招兵买马有什么不好?要放手扩大新四军,扩大游击队,有了兵,就要有个'家',这个'家'就是根据地。历史上的流寇主义,没有一个能够成功,抗日战争没有根据地也不可能取得胜利。有了根据地就要建立政权,有了政权就可以筹粮、筹款、收税,部队也不用向'人家'讨饭吃了。""他分析了华中地区抗战以来有些干部强调'情况特殊',没有坚持执行党中央向敌后发展的指示,丧失了时机,阻碍了人民力量的发展。他说,哪一个地区都有它的特点,有不同于其他地区的特殊情况,也就是它的'特性',这在分析研究问题时必须注意。但是各个地区还有一个'共性',这个共性就是都在日军的武装进攻与武装占领之下,在那些地区,都有敌人、汉奸、伪政权,我们就可以打进去建立抗日根据地,这是我党我军在抗日战争中行动和发展的基本根据。""强调情况特殊而不执行中

---

① 刘少奇:《刘少奇致中共中央书记处并项英电(1940年1月13日)》,见中共中央文献研究室:《刘少奇传:上》,北京:中央文献出版社,1998年,第365页。

央的正确指示是错误的。"①他耐心讲解了抗日民族统一战线中又团结又斗争的方针。"会议研究决定建立根据地,确定对顽固派的斗争策略,决定对廖磊、韩德勤区别对待。"②

刘少奇的重要讲话,解决了皖东地区党和军队高级干部内心存在的需要解决而无法解决的问题。经过刘少奇的耐心解释,中共中央中原局、新四军江北指挥部和第四、第五支队的领导干部统一了思想。统一皖东地区党政军领导干部的思想,使建立皖东抗日根据地成为可能。这也为刘少奇实现向苏北发展的战略构想解除了后顾之忧。为此,1940年2月7日,中共中央中原局发出《关于建立苏北、皖东北根据地的指示》,指出:"八路军、新四军及党的组织在苏北及皖东北目前的总任务,是争取该地区成立党所领导下的抗日反奸的根据地。实现这个任务的中心一环,是猛烈发展八路军、新四军及党所领导的一切武装部队。"

"八路军、新四军及党的组织,必须独立去发展自己的力量,自立自主地去组织游击队、自卫军和民众,不必等待任何人的允许,不必与任何人商定所谓共同纲领,应完全依照我党历来的主张,独立地去进行。对于盛子瑾、李明扬及其他一切进步分子加强统一战线工作,目的是求得他们暂时不反对我们去进行工作和

---

① 郭述申:《忆刘少奇在皖东的岁月》,见《刘少奇在皖东》编审委员会:《刘少奇在皖东》,北京:中共党史出版社,1990年,第105—106页。

② 徐海东:《回忆在皖东召开的三次中原局会议》,见《刘少奇在皖东》编审委员会:《刘少奇在皖东》,北京:中共党史出版社,1990年,第103页。

我们力量的发展,并尽可能求得他们对我们的某些帮助。我们绝不要去依靠他们,绝不要放松自己的工作与发展去和他们妥协,绝不要拘束自己在他们允许的范围内,绝不要帮助盛子瑾扩大武力。"①

刘少奇坚决贯彻落实党的六届六中全会精神,态度明确,旗帜鲜明。党的六届六中全会精神和他的这些明确的思想通过各级党组织传达贯彻下去,有效地解决了困扰华中各级党组织多年的思想路线问题,振奋了干部和群众的精神。放手发动群众、扩大部队、建设根据地的工作,都以前所未有的规模,大刀阔斧地开展起来,出现了蓬蓬勃勃的新气象。以往那种"寄人篱下",因屡受挫折而造成的抑郁心情为之一扫而空。

刘少奇致电中共中央时说:"我来此经过多次讨论说服,慎重的批评解释后,发展的方针是明确了,并决定彻底改造四支队为华中新四军的主力,要克服一切阻碍为四支队光明前途而斗争,地方游击计划大规模放手发展,大规模组织群众解决部队的给养。这些只要正确的努力,完全可能做到。计划在六月以前扩大皖东我军到三万五千人枪。"②几天后,他又满怀信心地向中央汇报说:"这里各方面的工作,一切布置路线已明确,工作在推进中,

---

① 《中共中央中原局关于建立苏北、皖东北根据地的指示(1940年2月7日)》,见中共滁州市委党史研究室,安徽省新四军历史研究会:《中共中央中原局:上卷》,北京:中共党史出版社,2013年,第179页。

② 刘少奇:《刘少奇致中共中央书记处电(1940年1月13日)》,见中共中央文献研究室:《刘少奇传:上》,北京:中央文献出版社,1998年,第367页。

我相信在二三月后部队会大大发展,并走向进步和健全。"①皖东各方面工作的迅速发展,为下一步应付桂顽和韩德勤部的夹击准备了力量。

此外,在这次中原局会议上,刘少奇还宣布对中原局和皖东地区军事指挥体系进行组织调整。根据刘少奇建议,中共中央决定,增加江北指挥部指挥张云逸、副指挥徐海东和河南省委书记刘子久为中原局委员;新四军江北指挥部前敌委员会改成皖东军政委员会,以统一地方党、军领导;同意第四、第五支队属中原局指挥;第五支队司令罗炳辉任江北指挥部副指挥。中原局领导机构的健全,党的领导的加强,军政指挥系统的协调和统一,为向东发展、创建皖东抗日根据地提供了组织保证。

经过不懈的努力,到1940年2月,新四军第四、第五支队和江北游击纵队由7000余人扩展到1.5万余人。地方游击队也发展到5000余人。抗日武装的迅猛发展,为夺取反"扫荡"、反"摩擦"斗争的胜利奠定了基础。

1940年春,曾一定程度上同中国共产党合作的国民党安徽省政府主席廖磊在任上病逝,由同属桂系的李品仙继任。李品仙到皖后积极反共,改组动员委员会,解散一切进步团体,召集县长会议讨论镇压共产党,企图消灭第四、第五支队,或逼迫他们退往江

---

① 刘少奇:《刘少奇致项英并中共中央电(1940年1月19日)》,见中共中央文献研究室:《刘少奇传:上》,北京:中央文献出版社,1998年,第368页。

▲ 刘少奇在大桥附近湾杨村的宿舍

南。在皖东的安徽第五行政督察区专员公署专员李本一及各县长在会后立刻发动反共"摩擦"。2月下旬,桂顽第一三八师一部及游击第八纵队季农部开抵吴山庙、青龙厂新四军第四支队驻地夺防,第一三八师另一部及皖保安六团前往皖东北解决新四军第六支队和同第六支队合作的盛子瑾部。

面对这种骤然变化的严峻局势,在党内首先必须解决的认识问题是敢不敢针锋相对地开展有理、有利、有节的反"摩擦"斗争。根据这个情况,2月下旬,刘少奇在定远大桥集附近的湾杨村第三次主持召开中原局会议。"这次会议的主要内容是确定反摩擦方针,决定对北取攻势,对南取守势,强调了在抗日民族统一战线中,要坚持独立自主的原则和又团结又斗争以斗争求团结的方针。"①

出席上述三次中原局(扩大)会议的党、军队和地方负责干部有刘少奇、张云逸、郑位三、郭述申、徐海东和邓子恢、戴季英、罗炳辉、刘顺元、李世农等。

第三次中原局会议后,刘少奇、张云逸、郑位三联名致电中共中央书记处:"我们之方针是绝不向进攻我之顽固势力让步……在一三八师及季部如向我进攻时,我们准备给以坚决回击,消灭该部及李本一部。一三八师系正式国军,李品仙主力,和我冲突是李品仙直接和我冲突。因此,我们准备藉此肃清皖东顽固武装,以便进一步巩固我们阵地,建立政权。"②

3月初,国民党顽固派在皖东发动的反共"摩擦"日益加紧。李品仙决定集中力量袭击新四军江北指挥部及第四支队司令部。他们派一个称为国民党军事委员会游击队党务主任委员的李春初,率领一千多武装说要路过新四军江北指挥部及第四支队司令部门前。另有两路人马也同时进逼。刘少奇等看出李春初所走路线不对,拒绝他通过。但皖东专员李本一率领的6个团已到肥东梁园,第一三八师一部和皖北行署主任颜仁毅也从定远开来。

---

① 徐海东:《回忆在皖东召开的三次中原局会议》,见《刘少奇在皖东》编审委员会:《刘少奇在皖东》,北京:中共党史出版社,1990年,第103页。

② 刘少奇,张云逸,郑位三:《刘少奇、张云逸、郑位三关于坚决自卫巩固路东阵地给中共中央的报告(1940年2月27日)》,见中共江苏省委党史工办等:《新四军第二师暨淮南抗日根据地(内部资料)》,第21页。

▲ 中共中央中原局第三次会议旧址

皖东上空战云密布，一场大规模的武装冲突已在所难免。而这时江北新四军，特别是第四、五支队的"军事指挥成问题。徐海东肺病已过三期了，完全不能动。张云逸现又打疟疾。在另外一些干部中团结还有问题。部队机关组织不健全，一到紧张时弱点均暴露，电台联络不到"①。在这个紧要关头，长期从事白区工作的刘少奇，开始了他第一次直接置身战场指挥作战的生涯。

刘少奇面对着极端困难的局面。桂顽李品仙部正气势汹汹地猛扑过来。皖东工作经过几个月的努力虽已有起色，但时间毕竟还短，地方工作仍很薄弱，部队粮食极度缺乏，又没有钱，没有政权的支持，皖东一些地方武装又同顽固派结合起来进攻，几乎

---

① 刘少奇:《刘少奇致中共中央书记处电（1940年3月27日）》，见中共中央文献研究室:《刘少奇传：上》，北京：中央文献出版社，1998年，第370页。

得不到其他进步分子和中间势力的帮助。在这种相当孤立的形势下,刘少奇在致中共中央书记处的电文中说:"我拟采取坚决手段首先打击与肃清地方顽固势力,对新来之桂军采取缓和统战的态度,派人欢迎桂军,请他调解,到处张贴欢迎五路军及新四军与五路军联合打日本的口号,对民众中因我军纪律上所有受损失者承认错误,并发传单,愿意赔偿,对俘虏均优待,称为友军兄弟。因桂军分南北两路,在皖东及过去工作之缺点,目前我们在政治上、军事上、经济上均暂时处在困难地位。我们只有谨慎的尽力之所及克服一切困难。"①

但是,桂顽李品仙部对这次进攻蓄谋已久,丝毫不见缓和,而是步步进逼。3月11日,李本一部占领周家岗,连日捕杀新四军干部和家属百余人,手段十分残酷。局势已发展到忍无可忍的地步。为了反击国民党顽固派军队的进攻,刘少奇调原在津浦路东的新四军江北指挥部副指挥兼第五支队司令罗炳辉率领第五支队主力和苏皖支队陶勇部,星夜赶到津浦路西,支援第四支队。13日,刘少奇等致电新四军各部,指出:"皖东顽固势力已向我作大规模之武装进攻,我若不肃清皖东顽固武装,即不能在皖东存在。现在我已占领定远城并向皖北行署武装进攻,斗争已入紧急关头。我应不顾一切的坚决彻底的消灭一切顽固武装及伪政权,

---

① 刘少奇:《刘少奇致中共中央书记处并项英、彭雪枫电(1940年3月9日)》,见中共中央文献研究室:《刘少奇传:上》,北京:中央文献出版社,1998年,第370页。

坚决建立进步的抗日民主政权,坚决向顽固分子进攻;同时,争取一切中间分子尽可能中立他们。在这一紧急关头,如果对顽固派进攻不坚决,如果动摇,就要造成绝大的罪恶。"①

他把政治家的胆识与灵活斗争的策略运用到军事指挥上来,在张云逸、郑位三等协助下,制定了对付各路国民党武装的不同策略。

中共中央中原局和新四军江北指挥部集中第四、第五支队主力,先将从南路进犯的李本一部击溃,乘虚攻占定远县城,迫使颜仁毅撤兵回援定远。然后,第四支队同颜部在定远县南的高塘铺展开激战,消灭颜部,而放颜仁毅逃往寿县。经过这两次激战,前后共歼灭桂顽李品仙部2500多人,粉碎了桂顽在路西发动的进攻。津浦路西自卫反击战的胜利,沉重地打击了桂顽的反共气焰,迫使其同意了新四军方面提出的以淮南铁路为界分区抗日的倡议。

3月21日,中央书记处致电刘少奇及江北新四军各位负责人,指出:"迭电均悉。你们的决心及布置,均是正确的,望坚决执行。在这种坚决方针之下,发动新四军全部官兵的积极性,发动凤阳、定远、合肥、无为、含山、全椒、和县、滁县、嘉山、来安、盱眙、天长、江都、六合、江浦等15个县数百万民众的积极性,肃清反共

---

① 刘少奇,张云逸,郑位三:《刘少奇、张云逸、郑位三关于坚决向国民党顽固派进攻致邓郭戴谭罗何等并中央、军部电(1940年3月13日)》,见中共滁州市委党史研究室,安徽省新四军历史研究会:《中共中央中原局:上卷》,北京:中共党史出版社,2013年,第186页。

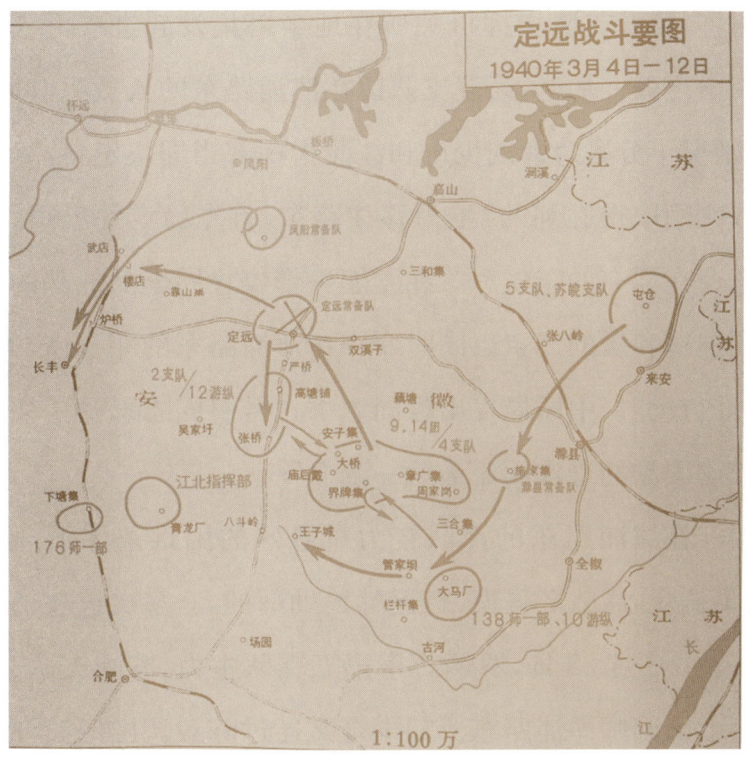

▲ 定远战斗要图(1940年3月4日至3月12日)

势力,建立民主政权,争取中间势力,争取一切进步的及中间的国民党,并极力讲究作战方法,就能各个击破反共势力的进攻,并在这种艰苦斗争中巩固这个战略上极端重要的抗日根据地。"①

当桂顽向津浦路西进攻时,苏北的韩德勤又趁新四军第五支队主力西调、津浦路东地区空虚之机,集结6个团1万多人,在3

---

① 《中共中央书记处关于动员全体军民巩固皖东根据地的指示(1940年3月21日)》,见《刘少奇在皖东》编审委员会:《刘少奇在皖东》,北京:中共党史出版社,1990年,第34页。

月21日向第五支队指挥机关所在地半塔集发起进攻,企图收到东西夹击之效。那时,第五支队留在津浦路东的人员只有两千人左右,情况十分紧急。刘少奇和江北指挥部当即决定将津浦路西反击战刚刚取得胜利的"主力移往路东,首先稳定并巩固路东"。他还电令在鄂东的李先念等在立煌一带停止同李品仙部的冲突,形成同桂军和缓的气氛。同时命令在津浦路东的邓子恢、郭述申等"固守待援"。中原局发出告同志书,"号召同志忍受一切困难,为粉碎顽固派的进攻而流最后一滴血"①。

留守在津浦路东的部队在力量悬殊的困难条件下,收缩兵力,动员群众,激战7昼夜,打退韩德勤部的10多次进攻,守住了半塔阵地。3月28日,罗炳辉率第五支队主力、苏皖支队和第四支队第七团回师津浦路东。刘少奇又通过陈毅调已经渡江北上、在苏北江都一带活动的叶飞部挺进纵队,抢渡运河西援,在六合县境内重创韩德勤主力独立旅。在新四军东、西援军进逼下,韩德勤部全线动摇,仓皇北撤。新四军各部乘势将来犯的韩德勤部赶过淮河。半塔保卫战的胜利,创造了固守待援、打守备战的成功战例。

刘少奇在皖东主持召开的三次中原局会议,在发展华中过程中,特别是为夺取津浦路西自卫反击战、半塔保卫战的胜利和创

---

① 刘少奇,张云逸,郑位三:《刘少奇、张云逸、郑位三致中共中央书记处电(1940年3月27日)》,见中共中央文献研究室:《刘少奇传:上》,北京:中央文献出版社,1998年,第372页。

56

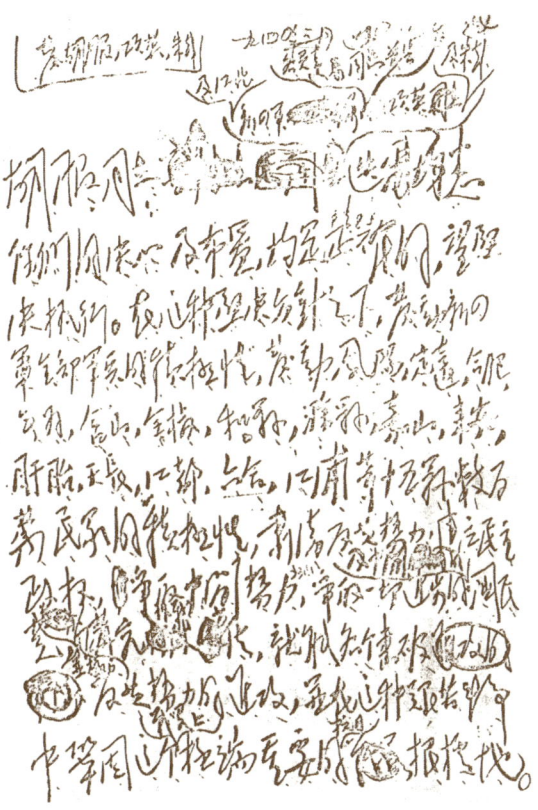

▲ 1940年3月21日,毛泽东同志起草的中共中央书记处致刘少奇及新四军江北指挥部负责同志等电

建皖东抗日根据地起了关键性作用。三次中原局会议,跨了三大步。它在复杂的三角斗争中,以成功的示范,"改变了华中空气",为实现党中央发展华中的战略部署打下了基础,创造了向苏北发展的有利态势。

刘少奇到皖东后,坐镇定远,指挥全局,积极贯彻落实党中央发展华中的战略方针,为发展壮大新四军做出了不可磨灭的贡献。

半塔保卫战胜利后,1940年4月初,刘少奇、张云逸率中原

▲ 中共中央中原局第三次会议旧址碑

局、江北指挥部机关东移。4日,越过津浦铁路到达来安县复兴集。5日,到达盱眙县半塔(现属安徽省来安县)大田郢。4月21日,刘少奇离开半塔赴皖东北视察工作,6月12日,返回皖东津浦路东原驻地半塔大田郢。刘少奇在皖东领导建立和发展皖东抗日根据地,使皖东各方面工作走在了华中的前列。7月1日,刘少奇在新四军江北指挥部召开的纪念中国共产党成立19周年大会上,做了《作一个好的党员,建设一个好的党》的著名报告。

为了实现发展华中的战略方针,1940年10月下旬,刘少奇率中原局机关及1000余名干部战士离开皖东,踏上新的征程,转战苏北盐城、海安地区。

## 三、定远县抗日民主政府的成立

津浦路西自卫反击战胜利后,中共中央中原局、新四军江北指挥部和皖东地区的中共组织大刀阔斧地进行了抗日民主政权和根据地创建工作。

1940年3月11日,第四支队第十四团攻占定远县城,顽县长吴子常逃跑。刘少奇3月12日致电中央书记处,称:"我为扩展阵地计,已于昨日派兵一部占领定远县城……我们拟于即日将定(远)嘉(山)来(安)等县顽固武装一起剿完,并立即委派县、区、乡长。"①

3月13日,刘少奇又指示第四、第五支队等部:"我应不顾一切的坚决彻底的消灭一切顽固武装及伪政权,坚决建立进步的抗

---

① 刘少奇:《刘少奇关于罗炳辉部到达第四支队活动地区致中共中央书记处并彭德怀电(1940年3月12日)》,见中共滁州市委党史研究室,安徽省新四军历史研究会:《中共中央中原局:上卷》,北京:中共党史出版社,2013年,第185页。

日民主政权,坚决向顽固分子进攻……我中心区各游击队应即积极活动,肃清定远及中心区一切顽固武装与顽固乡长,扩大自己整理自己……路东五支队部队应即委派来安、嘉山、天长三县长,并立即改组区乡保甲政权……"①

刘少奇在指挥津浦路西自卫反击作战的同时,高瞻远瞩,身体力行,带头贯彻执行中原局会议精神,与皖东和津浦路西地区党的主要负责同志郑位三、彭康研究后决定,委派新四军江北指挥部统战科长魏文伯担任定远县抗日民主政府县长。"在1940年3月17日,民主政府在定远建立。"②据时任定远县抗日民主政府县长魏文伯回忆,定远县抗日民主政府成立经过是这样的:"1940年3月,新四军攻占了定远县城。当时,新四军江北指挥部决定成立定远县抗日民主政府,并选一位干部任县长。

记得那一天,我正在永宁集附近一位老乡家休息,少奇的秘书刘彬通知我说:'要你去做官,当县长。'

我随刘彬前往(刘少奇同志住处),见到刘少奇、郑位三、彭康三位领导同志。少奇和我见过两次面,他问郑位三:'他行吗?'郑位三说:'行。'于是,少奇就对我讲了三点意见:

---

① 刘少奇,张云逸,郑位三:《刘少奇、张云逸、郑位三关于坚决向国民党顽固派进攻致邓郭戴谭罗何等并中央、军部电(1940年3月13日)》,见中共滁州市委党史研究室,安徽省新四军历史研究会:《中共中央中原局:上卷》,北京:中共党史出版社,2013年,第186页。

② 谭光廷:《路西工作报告(节录)(1942年2月5日)》,见《淮南抗日根据地》编审委员会:《淮南抗日根据地》,北京:中共党史资料出版社,1987年,第188页。

1. 革命要夺取政权,现在我们夺取了政权。

2. 要全面发动群众起来抗日救国,要团结群众,武装群众。

3. 要抓税收,同时取消苛捐杂税(指国民党的捐税),要征粮,保证军、政人员的给养。

这次少奇找我谈话是夜里两点钟,一共谈了半个钟头。接着,郑位三和我在房中的稻草铺上继续谈,一直谈到天亮。他主要讲了红军建立根据地的经验及如何帮助人们认识抗日民主政权的性质等。谈话后,我提出两个要求:一是要干部;二是要钱吃饭。郑位三都答应了,他还写了信给戴季英和谭希林,请他们帮助落实。

我们是1940年3月初进定城的,一行3人,我和两个警卫员。进城后,我找到了谭希林,他给了我300元钱。当时,老百姓痛恨国民党政府,把县政府屋上的瓦都拿走了,家具也搬到各人家去了,只剩下一座破屋子。我们拿出百把元钱修好了房子。彭康亲自到定城住过一段时间,并做了具体指示,大意如下:

1. 发动群众,召开大会,敲锣打鼓欢迎我们的县长上任。会后要举行宴会,邀请各乡代表和绅士参加。

2. 县长上任后,县政府的一切开办费用暂由第十四团团部供给。

3. 抗日民主政府成立后,要揭露国民党顽固派制造'摩擦'的阴谋,宣传我党我军的抗日主张和方针、政策,宣布各级抗日民主政权的组成是'三三制'。

3月中旬的一天,我们召开了由中心区部分群众代表和城内开明士绅参加的大会,宣布定远县抗日民主政府成立,同时揭露了国民党顽固派制造'摩擦'的阴谋及压迫群众、勾结日伪的种种事实;宣布我党抗日的方针和政策,即我们的县政府是抗日民主政府,是为人民服务的政府,希望大家多献计献策,共同参政,将政府建设好,并发展和巩固它。

在召开庆祝定远县抗日民主政府成立大会的时候,参加大会的大都是藕塘镇中心区和根据地的群众。国民党占领区的群众是很少的。"①

40年后,魏文伯还记得,定远县还成立了农抗、工抗理事会等,农抗理事长是陈世新,工抗理事长是陈宗俊。他说:"那时讲路西,主要是定远,其他县也都离不开'定'字,如定凤怀、定凤嘉、定寿、定东南和定合县等。"②

4月15日,定远县抗日民主政府还召开了第一次县政会议,党派代表、区乡代表、农民妇女代表、开明士绅等200多人参加会议,县长魏文伯被推选为会议主席团主席并在会上致辞。会议通过了多项决议,确定了抗日民主政府的施政方针,主要内容:(1)发动民众武装抗日、剿匪,反对投降;(2)联合各阶层、各党派、各民族,建立民主政权,筹设县以下各级参政会,实行民选各级政

---

① 魏文伯:《刘少奇叫我当县长》,见《刘少奇在皖东》编审委员会:《刘少奇在皖东》,北京:中共党史出版社,1990年,第128—129页。

② 魏文伯:《刘少奇叫我当县长》,见中共定远县委党史办公室:《曲阳烽火》,合肥:安徽人民出版社,1991年,第55-56页。

▲ 定远县抗日民主政府县长魏文伯

府官吏;(3)改善民众生活。废止苛杂,实行减租减息,减轻民众负担。魏文伯代表县抗日民主政府在大会上要求,"要以大无畏的精神来实现各次决议,务使言必信,行必果"①。

根据中原局和刘少奇指示,3月至6月,凤阳、滁县、全椒等县抗日民主政府也相继成立。为适应形势发展的需要,统一对津浦路西各县的领导,4月中旬,定远、滁县、凤阳三县联防办事处成立,魏文伯被推选为主任。8月1日,津浦路西各县联防委员会办

---

① 《定远县第一次县政会议开幕纪实》,见中共定远县委党史办公室:《曲阳烽火》,合肥:安徽人民出版社,1991年,第19—20页。

▲ 中共定远县委书记时生

事处正式成立,黄岩任办事处主任,魏文伯任副主任。9月中旬,合肥东南各区联合办事处、和(县)含(山)巢(县)各区联合办事处成立。至此,津浦路西地区共建立了6个县级抗日民主政权,以定远为中心的津浦路西抗日民主根据地正式建立。

在成立定远县抗日民主政府的同时,中共定远县委迁入定城。石光、陈少景、时生先后任县委书记。县委设有组织部、宣传部和民运部,赵敏、林轩先后任组织部部长,赵敏、徐建楼先后任宣传部部长,民运部部长为严佑民。县政府除县长和秘书外,还设有民政、教育、财税、公安等科,政府组织形式比较完备。定远县政府下辖四个区,分别为一区(定城)、二区(永康)、三区(张桥)和四区(池河)。

随着县级抗日民主政权的建立,津浦路西地区区、乡抗日民主政权也相继成立,同时县、区、乡武装和自卫队迅速发展,工、农、青、妇等抗日团体普遍建立,路西地区形成近50万人口的抗日根据地。

津浦路西抗日根据地东起津浦铁路,西至淮南铁路,北临淮河,南濒长江,近1万平方公里,是皖东抗日根据地的重要组成部分。

定远县抗日民主政府是皖东地区最早建立的中共县级政权。魏文伯是我党我军在华中地区独立自主委派的第一个县长。以定远县抗日民主政府成立为标志,皖东抗日根据地正式建立。

津浦路西抗日根据地是华中地区最早建立的抗日根据地,它的建立初步改变了新四军原来在华中所处的极端困难局面,是发展华中的重要转折点。皖东抗日根据地的建立,创造了向苏北发展的有利条件,为华中抗日根据地的建立奠定了基础。

# 第四章

## 巩固抗日民主阵地

### 一、党的建设

（一）中共县级组织的建立健全

在津浦路西省委领导下,津浦路西抗日斗争和党的建设得到加强,党的组织逐步发展壮大。到1940年底,津浦路西地区县级党组织基本上建立健全。这一时期,路西地区建立的县级党组织有滁县珠龙桥直属区委、藕塘中心区县委、滁县县委、全椒县委、定怀县委、合肥县委、定东南县委等。

1941年5月,根据中共中央华中局决定,津浦路西省委改称津浦路西区党委,黄岩任区党委书记,谭光廷、刘宏为委员,后增

▲ 津浦路西区党委书记黄岩

加魏文伯、陈庆先为委员。区党委下辖滁县、定怀、全椒、合肥、凤阳、定东南等6个县委。

定远县是津浦路西地区中心,周边有滁县、全椒、凤阳、合肥、怀远、寿县等。1942年1月,日、伪军修通定远至寿县公路并沿途设置据点,将定怀县分割成南北两部分。为了便于军事、政治领导,路西区党委决定:撤销定怀县、凤阳县和定东南办事处,成立定凤怀县、凤定嘉县、定远县,继续坚持敌后抗日游击斗争。

中共定凤怀县委。其前身是中共定远县委。1940年10月,因国民党顽固派进攻和日伪"扫荡",定远县委、县政府机关转移

到定远西乡永康地区朱湾、能仁寺一带。年底,怀远县怀二区划归定远县。1941年2月,定远县改为定怀县,由时生任县委书记,魏文伯兼任县长。1942年2月,凤阳县凤一区、凤二区划归定怀县,定怀县改称为定凤怀县。艾天白任定凤怀县委书记,陈京(后刘淑行、陈少景)任县长。定凤怀县下辖定二区、定六区、怀二区和凤一区、凤二区。

中共定东南县委。由于日伪"扫荡"和国民党顽固派进攻,1940年10月,定远县委、县政府被迫撤往定远西乡永康一带。津浦路西省委决定,在定远东南藕塘、张桥一带成立定东南办事处,由宋超任定东南县委书记,魏今非(后裴海萍)任办事处主任。定东南办事处下辖定三区(张桥)、定四区(天长集)和定五区(藕塘)。

中共凤定嘉县委。1941年10月,以定四区为基础成立定滁嘉工委和定滁嘉办事处,下辖定四区(天长集)、池河区、大柳区、大横山区。1942年2月,定滁嘉工委改称为凤定嘉县委。李华封、宋超先后任县委书记,陈克奇任副书记,黎竞平、罗应生先后任县长。凤定嘉西起定远城,北抵小溪河、明光镇、管店,东到三界、张八岭。设定四区(天长集)、池河区、凤四区和禹山区。

中共定合县委。1942年夏,津浦路西区党委决定在定寿公路以南地区,建立定合县,由刘鸿文担任县委书记,陈京(后宋文生)任县长,廖成美、孟亦奇先后任县委副书记。定(远)合(肥)县下辖定六区、定八区、定十区、海清区、合五区、花张集区、湖塘区。

中共定远县委。1942年2月,定东南办事处改称定远县,艾

▲ 中共凤定嘉县委书记李华封

天白任县委书记,魏今非任县长。原辖区不变。1944年10月,裴海萍任县委书记。1943年7月至1944年秋,艾天白、裴海萍先后兼任县长。1944年秋,张绍文任县长。

1942年4月,为了加强对全椒孤山地区的对敌斗争,津浦路西区党委决定,全西(全椒西)工委与合肥县委合并,成立中共全合县委、县抗日民主政府,由刘鸿文任县委书记兼县长。8月,区党委决定撤销全合县委,成立孤山直属区委,由黄生任书记。12月,以孤山直属区为基础,成立中共孤山县委,曾昭生任县委书记。

> 中共中央书记处关于同意
> 第二师干部调整致陈毅、饶漱石电
> （1943年2月15日）
>
> 陈、饶：
> 　　同意你们十二日来电中的建议：
> 　　（一）罗炳辉任二师师长，谭震林任政委，韩振纪与詹化雨任正副参谋长。
> 　　（二）以谭震林、罗炳辉、刘顺元组成为淮南区党委，谭任书记，刘副之。
> 　　（三）六旅与路西联防司令部合并，谭希林兼司令及政委，黄岩任副政委。谭任路西地委书记，黄副之。
> 　　（四）五旅与路东联防司令部合并，成钧兼司令，赵启明[民]兼政委。赵任路东地委书记，李世农副之。
>
> 　　　　　　　　　　　　　　中央书记处
> 　　　　　　　　　　　　　　十五日

▲ 中共中央书记处关于同意第二师干部调整致陈毅、饶漱石电

　　津浦路西地区中共县委的建立健全，在组织上保证了党对抗日根据地的领导。

　　津浦路西区党委和各县委成立后，积极加强党的基层组织建设，区委和乡、村党支部普遍建立，大批积极分子被吸收加入党的组织。到1941年底，津浦路西地区中共党员发展到3518人。①

　　（二）实行党的"一元化"领导和整风运动。为了适应残酷的战争环境，密切抗日根据地党、政、军、民关系，根据党中央决定和

---

① 谭光廷：《路西工作报告（节录）(1942年2月5日)》，见《淮南抗日根据地》编审委员会：《淮南抗日根据地》，北京：中共党史资料出版社，1987年，第188页。

▲ 淮南区党委书记谭震林

华中局及新四军军部指示,1943年2月,淮南抗日根据地①实行党政军"一元化"领导,统一成立淮南区党委、淮南行署和淮南军区。淮南区党委由谭震林、罗炳辉、刘顺元3人组成,谭震林任区党委书记;淮南行署由方毅任主任;罗炳辉任新四军第二师师长兼淮南军区司令,谭震林任政委。

---

① 1942年1月,皖东津浦路东联防办事处改名为淮南苏皖边区行署,这时,津浦路东地区就称为淮南地区。1943年2月,实行党政军"一元化"领导,淮南区党委、淮南行署成立,津浦路东、津浦路西地区都称为淮南地区,皖东抗日根据地亦改称为淮南抗日根据地。

原津浦路西区党委、联防办事处、联防司令部分别改称津浦路西地委、专员公署和军分区。津浦路西地委书记由谭希林兼任,黄岩任副书记,谭光廷任组织部部长,孙冶方任宣传部部长。津浦路西专员公署由郑抱真任专员,李竹平任副专员。由新四军第二师第六旅兼津浦路西军分区,第六旅旅长、政委谭希林兼路西军分区司令、政委,张翼翔任副旅长,陈庆先任副司令,黄岩任副政委,朱绍清任参谋长,邓少东任政治部主任。津浦路西地委不另设机关,与路西军分区领导机关合署办公。

这一时期,一般由县委书记兼任县总队政委,县长兼任县总队长。滁全县委书记、总队政委为黎竞平,县长、总队长为蔡家璋;凤定嘉县委书记、总队政委为李华封,县长、总队长为梅竹樵;定凤怀县委书记、总队政委为吴屏周,县长、总队长为陈少景;定远县委书记、总队政委为艾天白,县长、总队长为魏今非;定合县委书记为冯纪新,县长为陈京;定合总队(第十八团兼)总队长为谢禄轩,县委副书记兼总队政委为廖成美;孤山县委书记为曾昭生(后黄生),孤山游击大队队长、政委为黄生;寿县县委书记、淮西独立团政委为杨效椿,淮西独立团团长为李国厚。

1943年9月,第六旅建制撤销,由第五旅兼路西军分区,旅长成钧兼路西军分区司令,旅政委赵启民兼路西地委书记和军分区政委。

实行党的"一元化"领导,密切了根据地党、政、军、民关系,增强了党的战斗力和团结,统一了工作步调,保证了党的路线、方

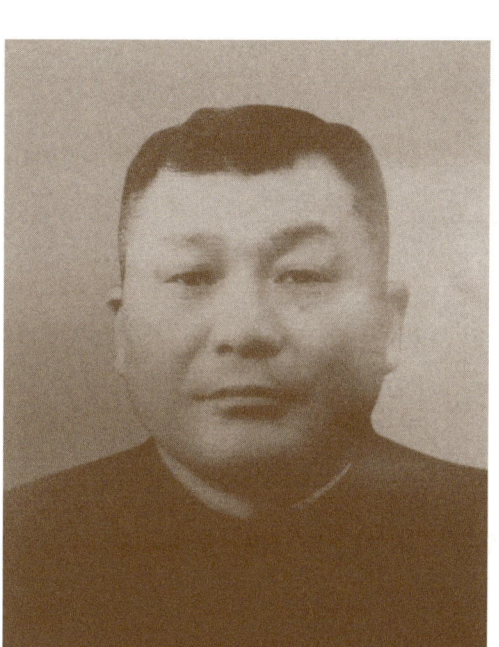

▲ 津浦路西专署专员郑抱真

针、政策的贯彻执行,为度过困难时期,夺取抗战胜利,提供了组织保证。

根据淮南区党委指示,1943年5月5日,津浦路西地委召开扩大会议,传达区党委新铺高干会议精神和原第二师政委郑位三给区党委的一封信,部署纠正路西党内存在的不良倾向,开展整风工作。地委副书记黄岩在会上做《关于路西党内不良倾向的揭发和克服的途径》的报告。1943年6月,津浦路西地区全面开展整风运动。黄岩回忆:"在津浦路西地委统一领导下,分别成立以路西地委委员谭光廷为首的整风队和以路西军分区副司令员陈

▲ 津浦路西军分区整风三队在定远湾杨村学习时合影

庆先为首的整风大队……决定我协助路西地委书记谭希林负责路西地区的整风运动。参加这次整风运动的主要对象是地方乡以上干部，军队连以上干部，还有路西地委及部队直属机关全体干部。学习的方法是根据工作职务和性质各自编若干整风队和支部，谭光廷和陈庆先分别负责地方和军队的整风运动。地委各部门干部胡昌明、肖习琛、杨卓群、苏星、杨哲伦等分别参加地方各整风队并任负责人。整风运动中主要学习内容是毛泽东的《整顿党的作风》《反对党八股》《反对自由主义》，刘少奇的《论共产党员的修养》等文件。各整风队和党支部首先组织干部学习，在学习文件的基础上，由学员在各自的小组介绍本人情况和学习收获，小组的同志可以开展批评。每人的学习收获先在小组通过后，再由整风队或支部大会通过。整风运动分期分批地进行，参加学习时间一般三个月至半年时间。1944年以后,路东、路西两个地区整风队合并。我们路西根据地参加整风学习的部分区以上干部转移到路东,在淮南区党委的直接领导下继续进行学习。整风运动一直延续到1945年6月。"[1]通过整风运动,转变了领导作风,加强了党内团结,纯洁了干部队伍,提高了广大干部马克思主义理论水平,为坚持敌后抗战,准备战略反攻奠定了思想基础。

## 二、政权建设

津浦路西地区的抗日民主政权是自上而下建立起来的。县级抗日民主政府成立后,大刀阔斧地进行了基层政权建设。各县建立了隶属县抗日政府的区、乡政府。一般一个县设4~8个区,每个区设5~8个乡。定远县抗日民主政府成立时下辖4个区署,分别是定一区(定城)、定二区(永康)、定三区(张桥)、定四区(藕塘)。乡以下的基层政权仍沿用原来的保甲制。联防办事处和县政府一般设置民政、财粮、军事、文教、司法、保安等工作机构,保障政府政令畅通。

到1942年8月,津浦路西地区属我方控制区域,有县级抗日

---

[1] 黄岩:《回忆淮南津浦路西抗日民主根据地》,见《淮南抗日根据地》编审委员会:《淮南抗日根据地》,北京:中共党史资料出版社,1987年,第341页。

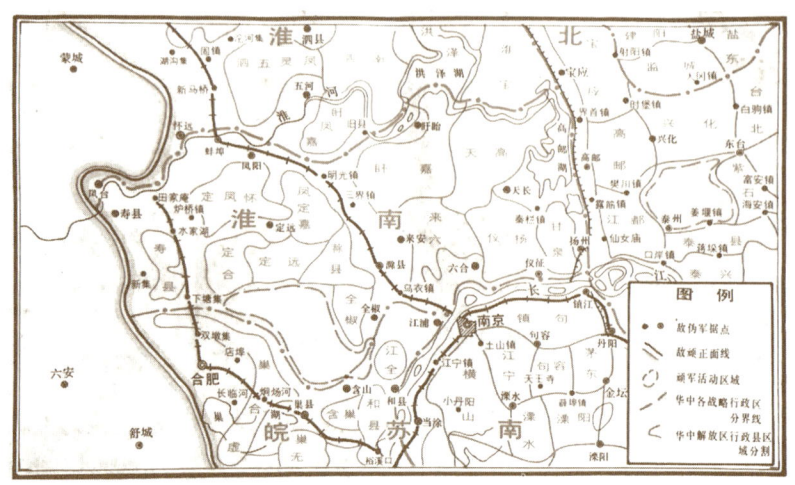

▲ 淮南抗日根据地行政区划图(1943年2月)

民主政权5个,下辖16个区、78个乡,人口47万。①

根据地初创时期,由于处于战争环境和复杂的日(伪)、顽、我三角斗争形势,党在建立各级抗日民主政府时,未能及时召开民选的参议会,而首先建立比较统一的各级行政机关,发动和组织根据地军民抗战。在根据地较为巩固后才召开参议会,完善政治体制。

津浦路西区党委注意团结一切力量参加抗日,大力加强党的抗日民族统一战线工作。津浦路西和各县按照"三三制"原则建立了临时参议会。1941年9月18日,在津浦路西区党委领导下,津浦路西临时参议会第一届第一次会议召开,会议选举魏文伯为

---

① 《1942年淮南抗日根据地概况(节录)(1942年8月)》,见安徽省财政厅:《淮南抗日根据地财经史》,合肥:安徽人民出版社,1991年,第296—297页。

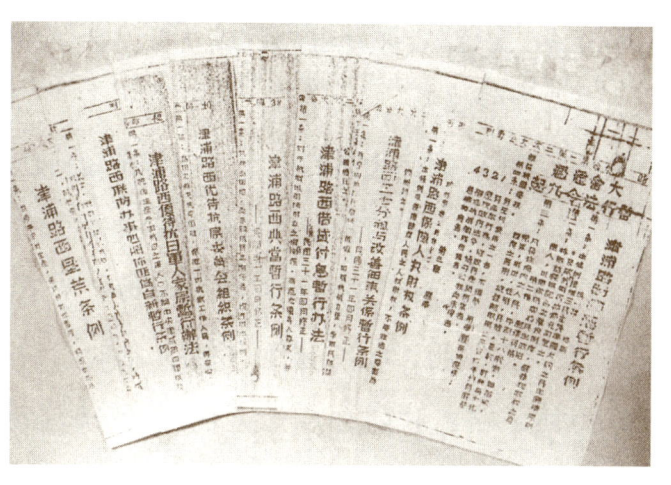

▲ 津浦路西临时参议会第一届第二次会议通过的九个法案

参议长,梅子明、刘子谷为副参议长,决定童汉璋为津浦路西联防办事处主任,魏文伯为副主任。1942年5月9日至11日,津浦路西临时参议会第一届第二次会议在永宁集召开。会议听取路西参议会参议长、联防办事处副主任魏文伯的《目前形势及今后施政方针的报告》和联防办事处主任童汉璋的《津浦路联防办事处七个月的工作报告》。会议一致通过魏文伯、童汉璋的报告。会议还通过了《津浦路西乡选暂行条例》《津浦路西保障人权财权条例》《津浦路西三七分租与改善佃东关系暂行条例》《津浦路西借贷付息暂行办法》等9项法令和17项决议。《津浦路西乡选暂行条例》的制定和颁布,使路西抗日民主政权建设进入新的发展阶段。

1940年12月,定东南成立临时参议会,魏今非任参议长。

1942年春,凤定嘉、定远、定凤怀也先后成立参议会,黎竞平、魏今非、陈京分别当选为参议长。

黄岩回忆说:"我们的民主政权实行'三三制'的原则,吸收开明士绅参加联防办事处、各县抗日民主政府和参议会的工作。如定远县的大地主邓子章,由于支持我军抗日而被选为路西参议会参议员。民主人士梅子明、刘子谷担任了路西临时参议会的副参议长,童汉璋担任了路西联防办事处主任,蔡家璋任滁县县长。他们在坚持路西抗日斗争的各项工作中,做出了贡献。"①

原定远县委书记、县总队政委时生回忆:"当时根据地各级政权都是'三三制',即三分之一是党员,三分之一是进步分子,三分之一是中间人士。如路西联防办事处主任童汉璋(安徽有名的教育家),吴圩区长吴鹤轩,当时都不是党员。这样做是为了形成广泛的抗日民族统一战线,更好地打击日本侵略者。魏文伯同志既是定怀县的县长,又担任津浦路西联防办事处副主任,他在主管县政府全面工作的同时,还用很多精力做地方上层人物的统战工作。如藕塘镇的范良甫、炉桥镇的韩创之、朱家湾的宋伯秋和界牌集附近的周口臣等,他们都是地方上有影响的士绅,由于党的统战政策的教育和影响,一直站在我们一边,坚持抗日,成为路西

---

① 黄岩:《回忆淮南津浦路西抗日根据地》,见《淮南抗日根据地》编审委员会:《淮南抗日根据地》,北京:中共党史资料出版社,1987年,第337页。

和各县参议会的主要成员。"①津浦路西地区实行民主政治,对旧有的基层政权进行了改造。具体措施就是实行乡选,建乡村代表制,废除保甲制度。

《津浦路西乡选暂行条例》规定,"采取无记名之投票制度,选举乡政权之负责人,以便彻底实行民主政治……凡居住境内之人民,年满十八岁者,无阶级、党派、职业、性别、民族、宗教、财产与文化程度之区别,经登记取得公民资格者均有选举权与被选举权"。为方便选举进行,《津浦路西乡选暂行条例》规定设置选举委员会。以自然村为单位,划分公民小组,由公民小组提出候选人,经乡民大会普选产生乡代表,在代表内推选乡行政委员掌管本乡行政。乡民代表会为乡最高权力机关,职权有选举与罢免乡行政委员;讨论与决定本乡工作计划及一切应兴应革事宜;督促与检查乡行政委员会工作;审核人民向乡民代表会提出的提案,并定期向本乡民大会报告行政工作。乡代表任期6个月,期满重新改选。

由于处在频繁的战争环境中,津浦路西地区乡选工作开展不平衡。《津浦路西乡选暂行条例》颁布后,在定东南中心区约有80个乡进行了选举。但是到1944年4月,除中心区外,大部分地区还是采用旧有的保甲制度。为此,1944年4月24日,津浦路西专

---

① 时生:《皖东建立最早、贡献最大的抗日民主政府》,见安徽文史资料全书编辑委员会:《安徽文史资料全书:滁州卷》,合肥:安徽人民出版社,2007年,第91页。

员公署发出《关于改造基层政权机构的指示》,推动乡选工作。该年夏收前全路西乡选工作全部结束。通过乡选,废除了保甲制,实行乡村制,使根据地人民民主权力得到了落实。

1943年8月,原津浦路西联防办事处主任童汉璋因病在新四军第二师后方医院逝世。

童汉璋(1897—1943),合肥东乡童小郢人。自幼性格豪爽,与朋友相处肝胆相照。1918年,就读于安徽法政专门学堂,受到新思想、新文化熏陶。1919年五四运动爆发,童汉璋起而响应,鼓动并组织全校同学投入伟大的爱国运动,始终站在斗争的最前列。1920年5月,他被选为安徽学生联合会副会长。不久,童汉璋作为组织者之一,领导了安徽著名的"六二学潮"。章汉璋是安徽早期青年运动的著名人物。

为寻求救国救民之真谛,童汉璋于1924年东渡日本求学,就读于东京明治大学。1926年5月,北伐运动兴起,童汉璋闻讯后立即动身返回祖国,先在芜湖第二职业学校任教,10月,奔赴武汉,参加北伐。不久,加入了中国共产党。此时,国民党安徽临时省党部设在武汉,童汉璋以共产党员身份加入了国民党,并担任国民党安徽省临时党部总干事。为了迎接北伐军入皖,他根据临时省党部指示,于1927年2月下旬返皖,筹建国民党组织。国民

80

革命军沿江入皖后,童汉璋从合肥赶赴安庆,恢复国民党左派安庆市党部,并迎接北伐军。4月,蒋介石在上海发动四一二反革命政变,童汉璋于4月18日撤至武汉。8月,中国共产党领导了八一南昌起义,童汉璋由武汉前往南昌,被南昌革命委员会委任为宣传委员会委员,随起义军一直战斗到广东海陆丰地区。起义失败后,童汉璋乘船避至香港。

1927年9月,童汉璋由香港潜回上海,经上海中共组织派遣,回到家乡合肥,居住城内十棵椿,以教书为掩护,积极筹建合肥中共组织。在许继慎帮助下,1927年9月,童汉璋在合肥城内建立了第一个中共小组,并任组长。他积极开展工作,先后发展了20多名党员。童汉璋先后担任中共合肥特支书记、特区书记。他组织领导了合肥西乡、南乡农民的抗烟苗捐和扒粮等斗争,威震合肥地区。后因中共身份暴露,被迫于1928年暑假前出走上海、北京等地,开始流亡生活,与党组织失去了联系。

九一八事变后,童汉璋积极投身爱国救亡运动。抗日战争全面爆发后,他到了六安。1938年3月,他同周新民、张劲夫等在国民党第五战区安徽省民众总动员委员会工作,任该会总务部副部长。1939年底,广西军阀李品仙出任国民党安徽省主席。李品仙积极反共,迫害进步力量,宣布解散民众动员委员会和各种工作团。面对日益恶化的局势,童汉璋遵照组织安排,率领部分人员奔赴皖东抗日前线。1940年8月1日,皖东津浦路西各县联防办事处成立,童汉璋任秘书长。9月,合肥东南各区联合办事处成立,童汉璋兼任主任。他废寝忘食地奔波于梁园、吴山、撮镇一带,深入各区、乡政府,发动民众开展抗日活动。1941年9月18日,童汉璋任津浦路西联防办事处主任。在他的领导下,津浦路西地区建立了工、农、青、妇、文各种抗敌协会,开展优抗、救灾、垦荒、植树、修筑塘坝、开办教育等根据地的建设,组织领导根据地人民配合新四军主力部队进行反"扫荡"、反"摩擦"斗争,成绩卓著,为人民称道。1941年,童汉璋经魏今非介绍,重新加入中国共产党,回到了党的怀抱。

1943年初,上级组织决定童汉璋赴延安学习,他心情十分兴奋,在日记中写道:"吾受党命调往延安受训,增进能力,尽忠民族和无产阶级,虽背井离乡,别母抛妻,也无所顾念,吾以身许党矣!"后因无法通过封锁线而返回。同年6月,正当他准备再次起程奔赴延安时,却因积劳成疾病倒了,被迫在津浦路东大刘郢第二师后方医院疗养。8月初,童汉璋又染痢疾,病情加重。8月8日,童汉璋病逝,终年46岁。

童汉璋同志病逝后,淮南抗日根据地军民为他举行了隆重的追悼大会。新四军代军长陈毅同志亲致悼词,称赞童汉璋同志"以福国利民为依归……唯真理正义之是从",予以高度评价。

## 三、减租减息,发展经济

津浦路西抗日民主政府认真贯彻执行党在抗日战争时期的土地政策,普遍深入地开展减租减息运动。

1940年8月,津浦路西地区开始进行减租减息工作。1942年5月,津浦路西临时参议会通过《津浦路西三七分租与改善佃东关系暂行条例》和《津浦路西借贷付息暂行办法》,实行"三七分租""分半给息""老债停息还本"等政策。同时强调减租减息之后一定要交租交息,改善佃东关系,正确处理债务纠纷。

减租减息暂行条例和暂行办法颁布后,区党委和联防办事处从党政机关和部队抽调大批干部组成工作队,在根据地广泛发动群众,开展减租减息斗争。到1942年底,津浦路西地区减租减息斗争取得了初步的成绩。由于当时抗日民主政权建立不久,不少地方的基层政权如保甲甚至还掌握在地主、富农手中,农抗会等群众组织也不够健全,加上少数地主的恫吓,群众顾虑很大。因此,减租减息斗争虽然开展得轰轰烈烈,但实际效果并不太理想。

津浦路西地委、专署及时发现了这一问题,并对此高度重视,

多次召开地主、士绅座谈会,宣传党的抗日民族统一战线政策,进行守法教育。通过宣传教育,大多数地主、富农面对政府的法令,在一部分开明士绅的带动下,都依法执行了减租减息政策。为了巩固减租减息斗争的成果,路西专署专员郑抱真在调查研究的基础上,撰写了《减租减息的法令必须彻底执行》一文在《新民主报》上公开发表。在这篇文章中,他深入细致地分析了路西地区贯彻执行减租减息政策的情况,在肯定成绩的同时,明确指出了该项工作中存在的问题。文章指出,现在"仍有少数人士,不能认识大体,照顾全局,强调个人利益,把抗战利益摆在次要地位了……也还有少数业主及债权者,有意不执行减租减息的法令,甚至用各种各样的方式欺骗佃户"。文章具体地列举了地主和债权人种种欺骗群众的方式,例如:"有的东家对佃户说'我们老宾旧主,对你不坏',有时并给佃户一些小恩小惠,使其有苦说不出。这是软的方面。还有硬的或软硬皆施:捏造无耻谣言,威胁佃户,结果某些佃户,就和他明减暗不减;还有少数业主,施用抽田、转田、当田、假卖田等方式,来避免减租减息。除上所述,还有一种,在新谷登场时,故意拖延不分,并要佃户帮他保存,使将来所有风耗鼠蚀,完全地加在佃户身上。至于借贷方面,债主榨取方式更加花样翻新,如在借方初来时,给予拒绝,并说自己如何困难,但当借方窘迫万分,恳求迫切时,遂转变话锋说:'看你急的可怜,我也不忍,我虽无钱,但可帮你向别人去借。'或者说:'我的亲友某某有钱,但他所要的利息很高,将来你还时,可不能为难我。'使借贷人为救燃眉之急,只得向他立誓保证,如期归还。"这篇文章的公开发表,使不法地主和业主的种种欺骗群众的伎俩暴露在光天化日之下。在文章的最后,抗日民主政府严厉地正告还没有执行减租减息政策的业主们:"应以抗战利益为重,切实执行减租减息,否则,法令是广大人民的一致公意,谁要违背了它,谁将受到法令的制裁。"①这篇文章的公开发表,教育了广大农民群众,震慑了少数不法分子,推动了路西地区减租减息斗争的深入开展。

扎实、细致的减租减息斗争,产生了积极的社会效果。抗日民主政府"强调在减租减息之后一定要保证交租交息,改善租佃关系,正确处理了债务纠纷。这样既保障了劳动群众的利益,又争取了大部分中小地主和开明士绅参加抗战工作"。因而"使根据地人民对抗日民主政权更加热爱,广大群众踊跃参军,出现了父母送子、妻子送郎参军的热烈场面"②。

实行减租减息政策,减轻了农民负担,改善了农民生活,调动了中小地主和开明士绅的抗日积极性,促进了根据地社会各阶层正常关系的建立,为争取抗战胜利奠定了坚实的群众基础。

津浦路西地区党和抗日民主政府积极响应党中央和毛泽东同志"自己动手,丰衣足食"的号召,领导根据地军民开展了轰轰烈烈的大生产运动。为了使大生产运动落到实处,路西地委、专

---

① 《新民主报》,1944年5月21日第一版,原件存滁州市档案馆。
② 黄岩:《回忆淮南津浦路西抗日民主根据地》,见《淮南抗日根据地》编审委员会:《淮南抗日根据地》,北京:中共党史资料出版社,1987年,第338页。

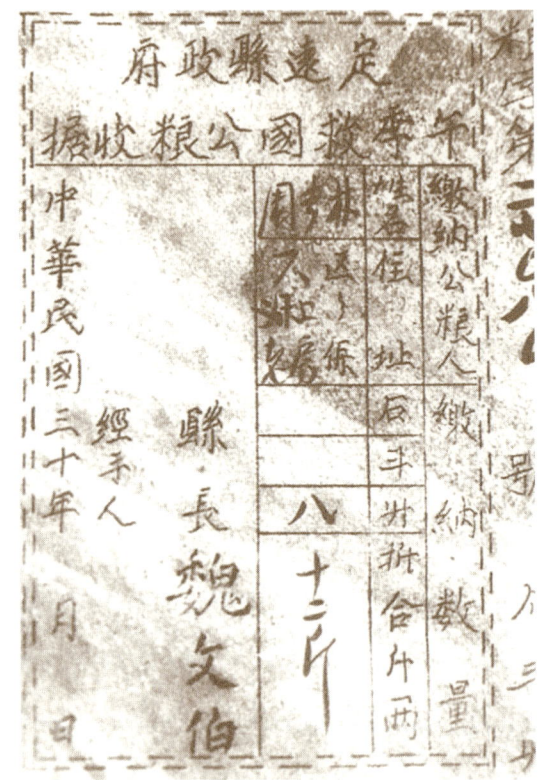

▲ 1941年午季,定远县抗日民主政府午季救国公粮收据

署决定成立生产委员会,有计划地组织开荒复种,要求军政干部每人开荒一亩地。1942年,驻津浦路西的新四军部队和地方党政机关在皇甫山、岱山垦荒种地。第四旅提出"为完成一、三、五、百"而奋斗的口号,要求干部战士每人生产一担稻、植三棵树、种五窝瓜、种百颗菜。第四旅等部还利用战斗间隙养猪种菜、磨粉

榨油,战斗与生产两不误。第四旅全年收获粮食 2000 余石①,自给蔬菜 3 个月。1942 年全年,驻路西部队和党政机关共开荒 7492 亩、植树 12.7 万株。路西地委、专署还组织领导了冬耕运动,并取得了显著成绩。1944 年 2 月 21 日《解放日报》以"津浦路西各县普遍冬耕"为题,报道了路西地区冬耕运动的开展情况。该报道说:"津浦路西冬耕运动颇有成绩。如全椒县花山乡民众,普遍进行翻田,某保于 3 天中翻了水旱田 310 亩。预计各地在冬季内均可翻田一次或两次。据定(远)凤(阳)怀(远)县报道,各处以乡为单位,组织贫农成立挖塘队,代人挖塘。如定远县大吴乡估计可挖塘 200 口,现已完成 120 余口。以每口塘可灌溉 60 亩计,共可灌溉 12000 亩。每亩如因水利比去年多收 9 斗,则可增收稻子 10800 石……"1942 年,全路西共挖塘 2390 口。

原凤定嘉县代理县长罗应生说,凤定嘉县"……积极响应中央关于'自己动手,丰衣足食'的号召,县建立经建科,组织生产贸易经营,以补助机关部队。在岱山乡组建了个四五十亩耕地的小农场,主要抓农业生产。农忙季节,县机关干部和部队都去参加劳动。还附设一个小型卷烟厂,在藕塘镇上开设了一家照相馆。又建立了一个食盐贩运队,由红心铺投诚过来的原伪军金大队长负责来往于路东路西搞运输,并到敌占区采购军需用品与生活日用品。还组织了一个小型织布厂,由定远城北十里铺投诚过来的

---

① 石(音 dàn):(1)容量单位,10 斗为 1 石;(2)重量单位,1 石合 120 市斤;(3)皖东地区计算土地面积的单位,1 石合 6.3 亩。

▲ 定远池河淮南银行路西支行旧址

伪军官陈老十负责采购棉纱,织成白布交部队被服厂使用。我们还在池河等大集镇开设民生商店,组织商业贸易,取得了可观的收入"①。

通过大生产运动,粉碎了敌人的经济封锁,保障了部队的供给,减轻了农民负担,使抗日根据地到处呈现出一派欣欣向荣的景象。

为了冲破日、伪、顽的经济封锁,津浦路西根据地党和抗日民主政府十分重视财政经济工作。实行轻税薄赋政策,取消苛捐杂税,统一税收。在税收方面,采取合理负担政策,公粮按亩产百分之十左右征收。游击区一般采取武装收税。商业收行商税和坐

---

① 罗应生:《抗战时期的凤定嘉县》,见安徽文史资料全书编辑委员会:《安徽文史资料全书:滁州卷》,合肥:安徽人民出版社,2007年,第94页。

▲ 津浦路西专署财经处工作人员合影留念

商营业所得累进税。地方政府还收烟税、布税等。对食盐收税是根据地较大的收入,收食盐市场价百分之五左右的过境税。在抗日民主政府努力下,大批食盐经淮河等各种渠道运到路西根据地抗日街①或池河,销售到定远天长集、池河、藕塘、大桥、朱湾,以及合肥、寿县、大别山等地。商人去时带盐,返回时带布和山货。这样,一举多得,商人有利可图,既解决了根据地军民的生活必需品,又扩大了根据地的政治影响。津浦路西抗日根据地还在淮南行署和淮南银行帮助下,发行货币(淮南币路西版)。商人们带来

---

① 抗日街位于凤定嘉县燃灯寺南、红心铺东北、庄许附近的山洼里,偏僻、隐蔽,抗日民主政府在这里设立以盐业为主的商品集散地,老百姓称之为抗日街。抗日街规模不大,设备简陋,极盛时有盐行22家、杂货铺6个、饭店8户,另有方便旅社和草铡店(喂驴、骡、马等牲口)。在抗日街来往的客商和购买食盐等商品的农民,日出而市,日没而归。抗日街每日销售食盐在数百担以上,征收的盐业税款相当于路西根据地商业税总额的一半。

的法币,先要兑换成根据地的淮南币才能买货物。定远的藕塘和朱家湾成为行商贸易中心,空前繁荣。特别是藕塘镇,市面上行人熙熙攘攘,商品琳琅满目,被称之为"小莫斯科"。

经济发展促进了文化教育事业的进步。1940年7月7日,津浦路西省委创办了机关报《新民主报》,省委委员黄岩兼任社长。各县也都创办过不定期的小报、简报,还办过文艺刊物《原野》和《路西行政》等刊物。

《新民主报》于1940年7月7日创办。报名原为《新民主》,后改为《新民主报》,报名为陈毅题写。第一期是石印,第二期改为钢板刻写油印,四版八开。一至十四期为5日刊,从第十五期起改为4日刊。1943年春,报社购买了一部铅印平版机和铸字炉后,又改为对开四版铅印。

《新民主报》报社初创时,报社只有3人,黄岩任社长,朱凡任副社长。报社当时仅有一块钢板、一部油印机和一些蜡纸、油墨,人员少、条件差、规模小。朱凡等同志既是编辑,又是记者;既是誊写员,又是印刷工。对于办报大家都没有经验,除了向《拂晓报》学习外,就靠自己摸索着干。当时工作环境非常艰苦,日、伪军经常"扫荡",国民党顽固派不断闹"摩擦",出一期油印报往往要搬几次家,有时一个夜晚要转移几次。在这种情况下,同志们克服种种困难,让《新民主报》及时与广大读者见面。

报社起初驻在全椒县大马厂、胡集等地,后迁至定远县藕塘附近的大周家。1940年底反"扫荡"时先后在永宁附近的小陈庄、黄凌村等地驻留。1943年,新四军第二师政治部将印刷厂拨归报社后,报社工作人员已有几十人。报社实行总编辑负责制,下设编辑部、电台组、通讯采访部、印刷厂、总务科等机构。

《新民主报》面向部队、机关、学校和广大农村。发行主要是通过各地交通站:地委设交通总站,各县设交通站,各区设交通组,各乡有交通员。虽然处于战争环境,《新民主报》仍努力保证按时送到读者手里。1944年5月28日,津浦路西地委做出《关于〈新民主报〉通讯发行工作决定》,要求各级党委用最大的精力发现和培养工农兵通讯员,规定各县设立通讯站,各区设立通讯组,各支部设立通讯员,部队也要建立通讯组织。因而《新民主报》稿源充足,从未发生稿荒,同时也培养了一支工农兵通讯员队伍。随着报社条件的改善与规模的扩大,报纸发行量也由原来的一二百份增至3000份。

《新民主报》设有国际、国内、地方和文艺版及社论、专论、特写、文学、战斗报告、调查报告等栏目。新四军第二师和地委专署负责人张云逸、黄岩、郑抱真等经常为该报写稿。《新民主报》一面呼吁团结抗战,一面揭露投降派的反共本质;同时大量刊载延安、华北的消息和党中央的指示,报道八路军、新四军和津浦路西抗日民主根据地军民抗日斗争的事迹及新华社播发的国际电讯稿,并以犀利的笔锋揭露日军在华北等地的侵略罪行和汪伪政权的投降卖国行径,以此教育群众、组织群众、团结群众、指导群众,坚定群众对敌斗争的必胜信念。1946年6月,全面内战爆发,津浦路西党政军机关实行战略转移,《新民主报》报社也离开津浦路西,踏上了新的征程。

驻津浦路西第二师主力部队和路西联防部队编制序列中还有文艺团体,如第四旅抗战剧团、第六旅战斗剧团和第二师文工团等,藕塘、池河、老人仓等地还有不脱产的京剧团。农闲和年节期间,部队文艺团体和地方剧团跋山涉水,背着背包到处为群众演出,丰富农民文化生活,受到群众热烈欢迎。

1940年下半年,津浦路西地区全面恢复了小学教育。到1942年3月,全区小学发展到141所,有学生5056人,还办了45所民众夜校、86组识字班。①

1940年8月,津浦路西省委决定在新四军江北指挥部随营子弟学校的基础上,创办津浦路西各县联合中学,校址在滁县章广瓦屋薛村。10月,路西联中转移到路东盱眙县。随即路西联中与

---

① 童汉璋:《津浦路西联防办事处七个月工作报告提纲》,见《淮南抗日根据地》编审委员会:《淮南抗日根据地》,北京:中共党史资料出版社,1987年,第202页。

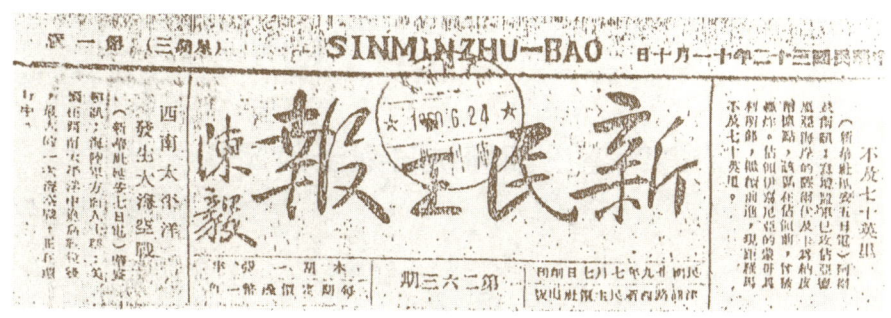

▲ 《新民主报》报头

路东联中合并,成立淮南联中。1942年12月,淮南联中停办。1943年下半年,津浦路西形势好转,根据路西地委、专署决定,路西联中在定远池河东郊大王庄恢复。这时,裴济华任联中校长,严竞成任教导主任。恢复办学的津浦路西联中一直坚持办学。抗战胜利后,1945年11月,路西联中北撤苏北淮阴,并入华中建设大学。小学比较有名的有藕塘、朱家湾、池河、永康等完小。在中心区一般每乡都有一所小学,有条件的保也办有小学。大木桥乡小学校长为宋子芳,宋校长采取游击教学的办法,办流动小学,应付险恶环境。这个学校没有固定教室,上课在室外(天热在树荫下),每个学生都自带小板凳,按时到指定地点上课。在日、伪军"扫荡"和顽固派军队搞"摩擦"时,宋子芳就带着学生转移到安全一点的地方,当敌人撤退了,他们又坐下来上课。这个小学的教育方法,受到地委、专署的好评。

## 四、建设藕塘抗日烈士陵园

为了缅怀在抗日根据地创建过程中英勇牺牲的数以千计的新四军将士,昭示后人,1942年5月,津浦路西参议会第一届第二次会议通过了在藕塘建立抗日烈士陵园的决议,并规定每年3月12日为阵亡将士纪念日,举行公祭。同时决定成立陵园筹备委员会,由路西区党委书记兼路西参议会参议长黄岩任主任,副参议长梅子明任副主任并具体负责筹建工作。陵园筹建时正处在日、伪、顽对根据地实行全面进攻和经济封锁时期,抗日民主政府的财政十分困难。为此,路西地区广大军民踊跃捐款捐物,爱国工商人士和开明士绅也纷纷慷慨解囊,使陵园建设能如期进行。1942年仲秋,举行了陵园开工奠基仪式。陵园工程进展初期较为顺利,后来,由于日、伪、顽的不断"扫荡"和进攻,工程几度被迫停工,以致原定一年完工的计划拖至1944年夏才竣工。1944年9月18日上午,路西地委、专署和军分区举行了隆重的陵园落成典礼。成钧、赵启民、黄岩、郑抱真以及路西地区各县党政军负责人和驻军、各界代表5000余人参加了典礼。整个祭奠活动持续了3天。

▲ 新四军第二师第五旅前锋剧团部分同志在藕塘烈士纪念塔亭子间留影

藕塘抗日烈士陵园占地20亩,陵园正中央耸立着高20米的六边棱形纪念塔,塔的正面镌刻着由参议员蔡蹈和先生书写的"陆军新编第四军第二师抗日阵亡将士纪念塔"19个魏体大字。塔顶屹立一尊用数百年银杏树雕刻成的新四军战士立姿像,威武

▲ 新四军第二师第五旅前锋剧团部分同志在藕塘烈士纪念塔前留影

雄壮,栩栩如生。塔前矗立着一块高2.2米、宽1米的纪念碑。碑文由第二师师长罗炳辉、政委谭震林撰写,蔡蹈和先生魏体丹书,石匠张友成镌刻。

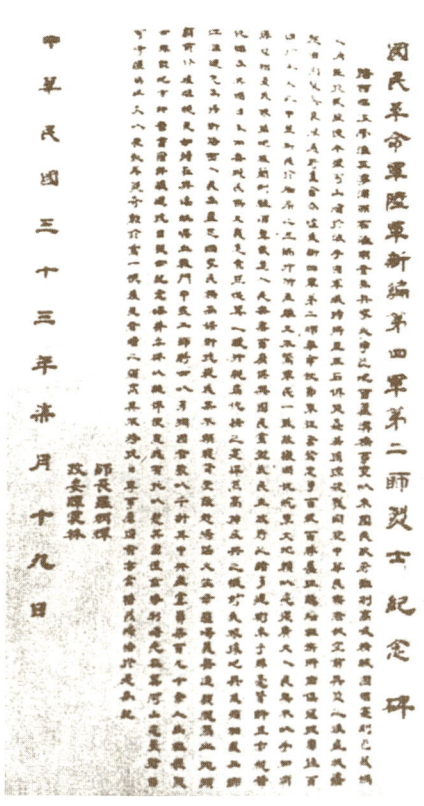

▲ 罗炳辉、谭震林为第二师抗日烈士纪念塔撰写的碑文

## 国民革命军陆军新编第四军第二师烈士纪念碑文

路西,襟江带淮,左津浦而右淮南,素为兵家必争之地。自卢沟桥事变以来,国民政府,虽则高喊精诚团结,实则包藏祸心,消极抗战,致使半壁河山沦于敌手。日军铁蹄所至,玉石俱焚,奸淫掳掠,杀戮同胞,中华民族浩劫空前。兵燹之后,盗贼蜂起,田园荒芜,哀鸿遍野,庐舍为

墟。我新四军第二师,奉命仗节东征,奋发忠勇,百战百胜,屡挫敌焰。旌旗所指,倭寇披靡,拯百姓于水火之中,登斯民于衽席之上。师行所至,鸡犬不惊,军民一致,敌忾同仇。皖东大地,赖以光复。广大人民无不以手加额,弹冠相庆。我根据地政简刑轻,颂声载道,人民乐业,百废俱兴。国民党对我民主政府之诸多建树,未予丝毫赞许,且亦视若仇雠。为其媚日求和,无视民族大义,忘煮豆燃萁之讥,行亲痛仇快之实,悍然高插反共之帜,对我根据地兵戎频加。我二师江淮健儿,为保卫路西人民,为尽忠国家民族,为捍卫抗战成果,不顾腹背受敌,赴汤蹈火,效命疆场,义无反顾。洒热血,抛头颅,前仆后继,视死如归。在与倭奴喋血战斗中,我二师将士,以身殉国者数以千计,其中共产党员七百九十余人。为旌表烈士殊勋,地方绅耆耋宿,群议建抗日烈士纪念塔,并立碑以志,俾使忠魂有托,以慰英灵。值此胜利曙光在望,河山光复,指日可待,谨撰碑文,以表彰英烈奇勋于万一;使后死者瞻之弥高;其不务抗日,专事摩擦者,亦当幡然憬悟。于是为记。

师　　长:罗炳辉

政　　委:谭震林

中华民国三十三年七月十九日

▲ 定远藕塘烈士陵园

碑文讴歌了新四军第二师健儿和皖东儿女尽忠国家民族的丰功伟绩,气势磅礴,影响深远。藕塘抗日烈士陵园的建设,进一步激励津浦路西抗日军民发扬英勇顽强、不怕牺牲的革命精神,树牢与日寇血战到底,不获全胜绝不收兵的决心和信心。

1946年,藕塘抗日烈士陵园被国民党军队炸毁拆除。1964年,中共定远县委、定远县人民政府在原址重建藕塘烈士陵园和烈士纪念塔。因年久陈旧,无法满足进行革命传统教育和爱国主义教育的需要,2011年经安徽省民政厅批准同意,中共定远县委、县政府迁址重建烈士陵园。重建的藕塘烈士陵园坐落于藕塘镇南侧山坡上,占地26万平方米,总投资1亿元。园内主要设施包括人民英雄纪念碑、革命纪念馆、烈士墓群、挺进亭、踏血亭、纪念

▲ 定远藕塘抗日烈士纪念塔

广场、陵园甬道等,总建筑面积为2万平方米。

藕塘烈士陵园,1995年被安徽省委、省政府批准为"省级爱国主义教育基地""省少先队员教育基地",2016年被国务院批准为"国家级烈士纪念设施"。

# 第五章

## 开展反"扫荡"、反顽斗争，夺取抗战的最后胜利

### 一、成立新四军第二师，组建津浦路西联防部队

(一)成立新四军第二师

1941年1月，国民党顽固派制造了震惊中外的皖南事变。皖南事变后，中共中央军委命令活动在江北皖东地区的新四军江北指挥部及其所属部队改编为新四军第二师。2月18日，中共中央军委任命新四军第二师领导干部：副军长张云逸兼任第二师师长，罗炳辉任副师长，郑位三任政委，周骏鸣任参谋长，郭述申任

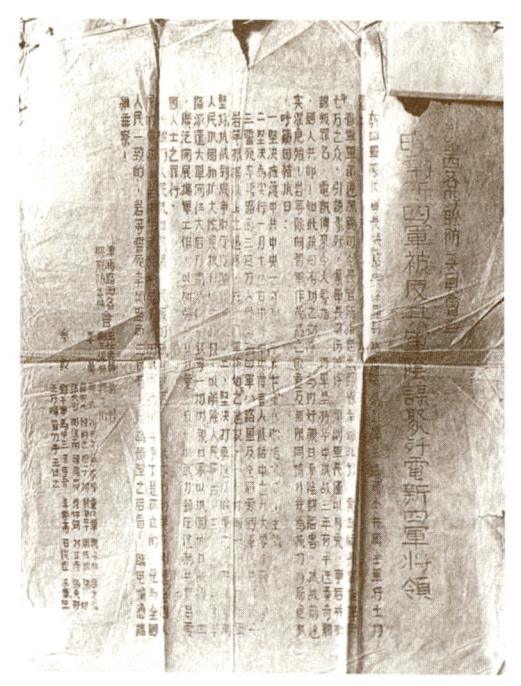

▲ 皖南事变后,津浦路西各县联防委员会致新四军将领声援电

政治部主任(未到职),张劲夫任政治部副主任①。第二师下辖3个旅、9个主力团和两个联防司令部,其中:第四支队改编为第四旅,旅长梁从学,政委王集成,参谋长詹化雨(后黄序周),政治部副主任张树才,下辖第十、十一、十二团;第五支队改编为第五旅,旅长成钧,政委赵启民,参谋长张元寿,政治部主任侯政(后祝世凤),下辖第十三、十四、十五团;江北游击纵队改编为第六旅,旅

---

① 《中共中央军委关于新四军各师领导干部的任命(1941年2月18日)》,见中国人民解放军历史资料丛书编审委员会:《新四军·文献(2)》,北京:解放军出版社,1994年,第206页。

长兼政委谭希林,参谋长朱绍清,政治部主任徐祥亨,辖第十六、十七、十八团;津浦路西联防司令部,司令郑抱真,政委谭光廷,下辖独一、独二、独三、独五团,1942年又组建了独四团;津浦路东联防司令部,司令杨梅生,政委刘顺元,副司令罗占云,下辖独三、独四团。总兵力达2.4万人,其中,主力部队1.5万人,地方武装9000人。

为加强津浦路西地区对敌斗争的领导力量,协调各方面关系,1942年10月10日,中共中央华中局决定成立津浦路西党政军委员会,由罗炳辉任书记,梁从学、张劲夫、黄岩、谭光廷为委员。

新四军第二师通过整编,战斗力进一步增强,走上了新的发展阶段。新四军第二师主要活动于津浦铁路和淮南铁路两侧地区。

新四军第二师成立后,新四军军部和中共中央中原局(华中局)确定了第二师的任务:巩固津浦路东,坚持津浦路西,加强对西防御,随时准备迎击国民党顽固派军队的进攻。

津浦路西地区是华中抗日根据地的西部屏障。1941年1月20日,刘少奇、陈毅指出:"必须以最大决心,坚持路西阵地,保障路东。否则,皖东一失,华中全局皆非,我军即无路可走。"①为此,

---

① 刘少奇,陈毅:《刘少奇、陈毅关于不让反共军深入路东的作战方针指示(节录)(1941年1月20日)》,见《淮南抗日根据地》编审委员会:《淮南抗日根据地》,北京:中共党史资料出版社,1987年,第110页。

第二师以津浦路东为基地,将第六旅及第五旅第十三团部署在津浦路西地区,坚持路西阵地。

(二)组建津浦路西联防部队

为了保卫新生的抗日民主政权,建立人民武装,1940年6月,新四军江北指挥部决定成立津浦路西联防司令部,配合主力部队,坚持路西抗日阵地。郑抱真担任津浦路西联防司令部司令,谭光廷任政委,李国厚(后杜国平)任参谋长。年底,增加陈庆先为联防司令部副司令,吕清为政治部主任。从1941年春开始,路西联防部队进行整顿和扩编。1941年下半年到1942年,为了增强地方武装独立作战能力,津浦路西各县独立营、连先后被扩编为独立团。路西地区共有5个独立团,每个独立团编4~5个连。

津浦路西地区5个独立团主要活动在以定远为中心的周边地区。独立第一团,团长李国厚(兼)、政委徐康明,共320人,活动于滁县、嘉山、全椒、合肥等县交界地区。独立第二团,团长梅竹樵、政委张方坤,共420多人,活动于桑涧、仁和集、池河、沙河、红心铺、门台子一带。另有桑涧游击队50多人,池河游击队40多人,也由独二团指挥。独立第三团,团长余海清(后雷文学),政委由定凤怀县委书记兼,后为杨杰英。独三团由定凤怀县的县、区、乡武装编成,430多人,活动于定远、凤阳、怀远县交界地区。独立第四团,是以第二师直属独立营两个连为基础扩编而成,团长魏立成,活动于定远县杜集、耿巷、肖红集一带。独立第五团,团长谢禄轩、政委许军成,活动于定远张桥、占鸡岗一带。

1941年底,新四军第二师决定将第六旅第十八团划归津浦路西联防司令部建制。

津浦路西联防部队除第十八团外,所属的各独立团及县总队,至1942年底,共有2100多人。区、乡有不脱产的民兵1万多人,步枪600多支,其余均以刀、矛、土枪、土炮为武器。路西地方武装在津浦路西区党委和第二师的领导下,逐渐发展壮大。

1942年下半年至1943年3月,为贯彻执行精兵简政政策,实行"一元化"领导,津浦路西联防部队除淮西独立团外,撤销5个独立团建制,组建各县县总队(定合县总队由十八团兼),编制一般3~4个连,有300多人;区有中队(亦称模范队),有30~50人,有的达100多人;乡有小队,有10~20人。抗日根据地的18~28岁的青年,都参加了抗日自卫队(民兵)。各县县长兼总队长,县委书记兼总队政委(个别县除外);区大队由区长兼大队长,区委书记兼教导员;乡长兼乡中队长,乡支书兼指导员。县、区两级,设专职总队副、区队副各一人。

## 二、开展反"扫荡"和反顽斗争

津浦路西抗日根据地地处华中腹地,对北面的伪安徽省会蚌埠、西面的日军重要战略据点合肥和南面的国民党第五行政督察区专员公署所在地全椒古河镇构成威胁,战略地位十分重要。自1940年9月起,日、伪军就对该地区进行了连续不断的、疯狂的"扫荡"和进攻。1941年至1942年,津浦路西抗日根据地在日、伪、顽的军事进攻、政治破坏和经济封锁下,处于最艰苦、最困难时期。1941年,路西根据地面积缩小二分之一,人口下降到30万。1942年,路西根据地人口只有37.5万,生产遭到严重破坏,加上严重的旱灾,导致财政经济极端困难。

这时,驻扎在津浦路西根据地西部皖西大别山地区的国民党桂系顽固派军队和国民党安徽省政府所属地方顽军消极抗日,积极反共,经常制造"摩擦"。向津浦路西抗日根据地进攻的国民党桂系顽固派军队,1941年9月前为第二十一集团军第一三八师,后为第一七一师;顽军地方部队为第十游击纵队、第十二游击纵队和皖第三、六、八保安团,加上县、区、乡土杂武装共约1.5万人。向根据地大举进攻时,还有第一七二师等部参加。皖东军民特别是津浦路西地区军民为了坚持路西、保障路东,与日、伪、顽军进行了艰苦卓绝的斗争。

1941年春,日、伪军从嘉山、定远、凤阳、滁县、蚌埠、水家湖、刘府等地,纠集3000余人分路向津浦路西定远、凤阳、滁县地区进行大"扫荡"。坚持津浦路西的第六旅决定主力一部转移敌后,隐蔽待机,留少数部队及地方武装化整为零,进行游击战与敌周旋。日军"扫荡"部队采取分进合击战术,寻找新四军主力作战,但均扑空。当敌攻势疲惫时,第六旅适时集中第十七、十八团和第五旅第十三团出击,在殷家涧、朱家湾、靠山集、永康、皇甫山、花山、施集等地与敌作战10余次。2月13日,第五旅第十三团在滁县曲亭附近与向皇甫山"扫荡"的400余日、伪军激战数小时,毙敌40余人,敌战败逃窜。第十七团在殷家涧全歼伪军一个营。经半个月奋战,第二师共毙伤日、伪军500多人,粉碎了敌人的大"扫荡"。

定远以南的谢家圩子等据点,盘踞着谢黑头、牛登峰、陈华斌、王华锦等六股土顽恶霸武装,他们与日、伪军勾结,经常袭击抗日区、乡政府,杀害根据地干部和群众,危害极大,路西人民对此深恶痛绝。6月30日,第二师第六旅和第五旅第十三团,发起对谢家圩子等土顽据点的攻坚战,经半个月战斗,毙土顽180余人,拔除了油坊户、谢六巴圩、花张集等土顽据点,打击了土顽的反动气焰,迫使他们不敢恣意出扰,安定了民心,保护了群众利益。

1941年九、十月间,日寇对河南发动进攻,津浦线上敌运输频繁。为配合正面战场作战,第二师第四旅第十一团等部奉命在津浦线南段展开破击战,破坏铁路桥梁,摧毁铁路线上敌碉堡据点,迟滞敌交通运输。正当新四军第二师对日、伪军作战时,桂顽为配合国民党汤恩伯部对淮北地区的行动,同第一三八师换防的第一七一师、第十游击纵队等部,向津浦路西地区发动进攻,连占周家岗、广兴集、界牌集等地。继而向路西中心区进攻,侵占了大桥。为实现破坏敌交通线,配合正面战场作战目的,第二师发起

大桥、新张家战斗,狠狠地打击了桂顽的嚣张气焰。

## 大桥、新张家战斗

为了给顽军以毁灭性打击,新四军第二师决定集中第四旅第十一团、第十二团,第五旅第十三团和第六旅第十六团等6个团的兵力反击顽军。并组成野战司令部,以谭希林为司令,王集成为政委,梁从学、郑抱真为副司令,统一指挥作战。11月16日晚,第四旅第十一团强攻大桥顽军,第六旅第十六团埋伏于新张家一带准备伏击可能由广兴集、山头集增援大桥的顽军。是夜11点半,第十一团向大桥发起攻击,激战一昼夜,顽军第五一一团一营和顽定远县政府及其常备队等全部被歼灭,定远、滁县、全椒三个县顽县长被活捉。17日下午,顽军第五一一团二营赶来增援,在新张家遭第十六团伏击,顽营长以下300余人全部被歼,第十六团缴获丹麦式高平两用机枪1挺,迫击炮1门,轻机枪12挺,步枪100余支及其他军用物资一批。大桥、新张家战斗获得大捷,我军收复了被顽军侵占的地区。这次战斗是皖东反顽斗争的一次重大胜利。这一仗沉重打击了桂顽,稳定了路西的形势,提高了路西军民坚持斗争的信心。战斗结束后,第二师师部对参战部队进行嘉奖,分别授予第十一团和第十六团"铁锤子

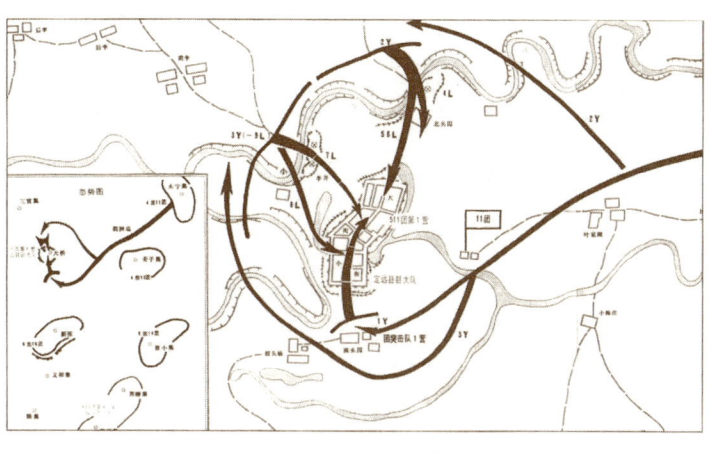

▲ 大桥、新张家战斗要图

团"的光荣称号,并颁发了奖旗。

大桥战斗后,桂顽亟谋报复,11月底,桂顽第一七一师纠集3个主力团及地方保安团,分路直扑路西中心区藕塘。11月28日上午,第五旅第十三团在黑郎庙阻击桂顽进攻,第三营在四面受敌的情况下,连续打退国民党军队的多次进攻。为增援第三营,第十三团团长林英坚指挥3个连向黑郎庙北部国民党军阵地突击,将顽军击退。鉴于敌我力量悬殊,第十三团于傍晚放弃黑郎庙阵地,冲出重围,转移休整。此战歼敌300余人。第十三团团长林英坚在战斗中英勇献身。

1942年1月,驻定远县城的日、伪军,为了分割津浦路西定(远)凤(阳)怀(远)地区与中心区的联系,蚕食定、凤、怀地区,修通了从定远县城至寿县的公路,并沿途增设了十八里岗、西三十

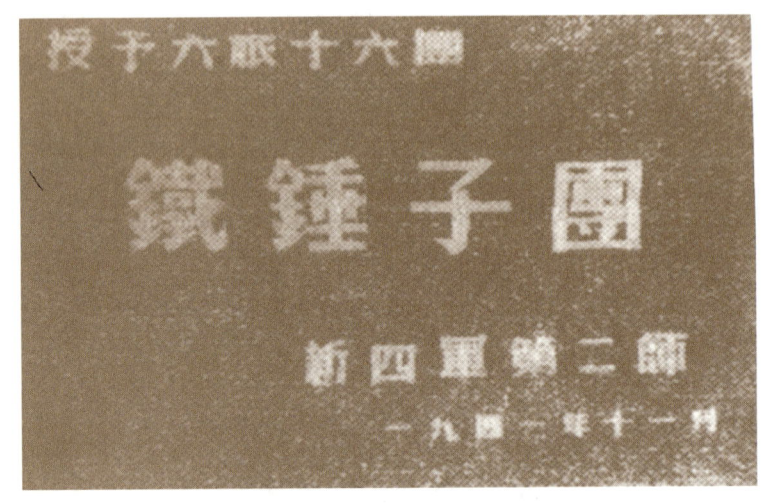

▲ 1941年11月,大桥、新张家战斗后,新四军第二师授予第六旅第十六团"铁锤子团"荣誉称号

里店、永康镇、青洛涧等据点,经常对根据地进行"扫荡"。津浦路西联防司令部独三团和定凤怀总队,不断袭扰打击敌人。1月31日下午,独三团团长余海清和定凤怀总队副总队长汪立斌率部到十八里岗察看地形时遭敌人伏击,余、汪两人不幸壮烈牺牲。

余海清(1914—1942),湖北省麻城人。余海清小时候随父亲以打铁为生奔走乡里。1931年,余海清在家乡参加中国工农红军。1932年,随部队转战到河南省商城一带。1938年2月中旬,红二十八军和桐柏山红军游击队合编为新四军第四支队,余海清在四支队手枪团任班长。同年3月,新四军四支队奉命挺进皖东,余海清任四支队

司令部警卫连连长。1939年春,余海清被分配到定远县大桥集一带做民运工作。他在大桥、安子集、三官集和张巷等地,宣传抗日救国思想,发展抗日武装,很快就建立起了一支近百人枪的人民武装。定远县抗日民主政府成立后,这支武装改编为定四区自卫军大队,余海清任大队长。1940年夏,定远县伪军大队长蒋明圭,仗着日军的势力,经常以收税为名,到县城东南15里外的老人仓敲诈勒索,欺压百姓,群众无不切齿痛恨。余海清决定铲除这伙害人虫。一天,经精心设计,余海清率部在蒋匪抢劫后回城的路上设伏,突然进攻敌人,伪军猝不及防,被打得四处逃散,是役歼敌50余人,仅蒋明圭率残部狼狈逃回县城。从此,没有日本人壮胆,蒋再也不敢到老人仓周围作威作福了。

1940年9月,余海清调任定远县总队副总队长(总队长由县长兼)。1941年春,余海清出任津浦路西联防司令部独立第三团团长。他率部在定远大地战敌寇、斗凶顽,屡战屡胜,威震敌胆。

1941年底,日、伪军修筑定城至水家湖的公路,分割定怀县,严重威胁路西抗日根据地安全。为此,路西联防司令部命令独立三团,千方百计阻挠和破坏敌人施工。1942年1月31日下午,余海清和定怀县总队副总队长汪立斌率精干队伍,从朱家湾出发,到十八里岗一带察看地

形时,被日军发觉,遭到敌人伏击,身中数弹,壮烈牺牲,年仅28岁。

1942年秋,中共定合县委决定以朱湾为中心新建海清区,中共定远县委决定在永宁一带成立海清乡,以纪念、缅怀余海清烈士。

汪立斌(1906—1942),原名汪德安,湖北省红安人。1906年出生在一个佃户家庭,家境贫寒,青少年时随父兄为本村地主干农活。1931年,他不满国民党官府和地主老财的欺压与剥削,到河南省新县参加农民自卫军。次年,新县农民自卫军被改编为中国工农红军第四军第三十二团,汪立斌成为一名红军战士。国民党地方当局得知汪立斌参加红军后,放火烧掉他家的房屋,全家人只好外出讨饭。汪母因冻加饿,惨死在讨饭路上。家破人亡,更加激起汪立斌的满腔仇恨,他决心紧跟共产党,推翻黑暗的旧社会,解放苦难的人民大众。

由于汪立斌作战勇敢,不怕牺牲,冲锋在前,多次立功,很快从战士成长为班长、排长,后又任连队政治指导员。

1939年下半年,汪立斌随新四军部队来到皖东,参加津浦路西抗日根据地创建工作。1940年秋,汪立斌调定远县总队警卫连任指导员。1941年初,又调津浦路西联

防司令部独立第三团一连任指导员。同年冬调定怀县总队任副总队长（总队长由县长兼）。

汪立斌担任县总队主要领导后，仍保持老红军的优良作风，吃苦在前，享受在后，在反击日伪军的"扫荡"、顽军的进攻中，总是身先士卒，既是指挥员，又是战斗员，为定怀县抗日根据地的巩固和发展做出了重要贡献。

1942年1月31日下午，他与路西联防司令部独三团团长余海清一道到十八里岗察看地形时，遭日、伪军伏击，当场牺牲，时年36岁。汪立斌壮志未酬，血洒皖东，噩耗传来，万众悲痛。定怀县为汪立斌、余海清等烈士举行了隆重的遗体安葬仪式。

1943年8月，中共定凤怀县委、县政府决定，以十八里岗为中心新建立斌区，缅怀先烈，告慰英灵。

3月2日，津浦路西联防部队第十八团在柏家圩伏击了从水家湖往永康镇运输物资的敌人，歼灭日军一个小队、伪军一个中队，其中毙敌10人，活捉日军小队长和2个士兵，俘伪军30余人。3月下旬，第四旅第十一团二营攻占了定远城西十八里岗敌据点，歼灭日军12人，伪军100余人。4月，第四旅第十团发起了对定远土顽据点杞岗的攻击。杞岗由土顽头子牛登峰率二三百人据守，工事坚固，号称"铁桶"。牛匪勾结日、伪军，无恶不作，群众对其恨之入骨。第十团经过周密准备后，于11日夜对杞岗实施突

袭强攻,经半个小时激战,全歼土顽,仅牛登峰率数人潜逃。战后新四军代军长陈毅称赞第十团"英勇顽强,战斗作风好"。为表彰第十团在杞岗攻坚战和以往战斗中的突出表现,第二师师部授予第十团"金刚钻"团的光荣称号。

10月26日,国民党桂顽乘津浦路西地区精兵简政,部队减少,只有3个主力团,兵力比较薄弱之机,以第一七一师、第十游击纵队和保六团等部共6个团的优势兵力,长驱直入,占领路西中心区藕塘镇。11月初,第二师第四旅第十团、第十一团和路西联防部队第十八团,在罗炳辉副师长的指挥下进行自卫反击,连续组织了数次阻击战、伏击战和袭击战,机动灵活地转战10天,打退了国民党顽军的进攻,共歼顽军1500余人,生俘了保六团副团长。此次反顽战斗,第二师也付出重大代价,每团伤亡300余人。第十团一营一连10天换了3个连长,全连缩为两个班。对这次反顽战斗,军首长非常重视。战前,陈毅代军长明确指出,路西地区的得失,对坚持华中全局影响甚大。战后,陈毅代军长又来电慰问嘉奖,称击退了桂顽进攻,保卫了根据地,意义甚大。

国民党桂顽对津浦路西地区的进攻,开始是长驱直入,后来逐步变为步步为营,每占一边缘要地,立即构筑工事固守。到1942年底,已形成从周家岗经广兴集到青龙厂的一条堡垒线,并利用堡垒逐步向路西根据地推进蚕食。针对顽军的行动,第二师第四旅和路西地方武装,也在边缘要点上,修建了工事,沿鸦窝集、五尖山、黑郎庙、元守集、占鸡岗一线,构筑了一条长100余里比较坚固的防线和顽军对峙,称之为"罗炳辉防线"。新四军路西部队在各要点上以一定的地方武装据守,主力部队随时进行策应支援。这条防线的建立,对保卫路西根据地,起了相当大的作用。

津浦路西联防部队反"扫荡"、反顽斗争。津浦路西联防部队和不脱产的抗日自卫队在坚持和保卫抗日民主根据地的斗争中,发挥了积极的作用。

津浦路西联防部队和抗日自卫队配合主力作战,粉碎了日、伪、顽军的进攻。从1939年12月到1945年,日、伪军对津浦路西大规模"扫荡"达8次,国民党顽固派对根据地大举进犯共有10次。路西地方部队和抗日自卫队,采取阻击战、守备战、伏击战、袭击战等方式配合主力部队作战,打击敌人。1941年春,日、伪军7路合击"扫荡"津浦路西时,定远县总队英勇阻击炉桥来犯之敌,激战一夜,使根据地中心区军民得以安全转移,为主力部队赢得了时间。1942年4月,独四团、独五团,配合第四旅第十团进行了攻歼杞岗土顽战斗。1942年10月,桂顽集中第一七一师、第十游击纵队及保安六团,向路西中心区藕塘大举进犯,联防司令部所属第十八团配合第四旅部队战斗10天,杀伤顽军营长以下千余人。

津浦路西联防部队和抗日自卫队广泛开展反蚕食、反封锁的斗争。津浦路西地方武装和抗日自卫队利用掌握敌情、熟悉地形等有利条件,一方面随时配合主力部队迎击日、伪军的"扫荡",另一方面独立打击日、伪军对根据地的蚕食及封锁。日军占领定远县城后,经常"扫荡"中心区,并侵占定(远)寿(县)公路,切断了根

据地的南北联系。定远县、区、乡人民武装对敌人交通线连续展开破袭战,从 1941 年到 1942 年,将桥头杨大桥、黑鱼桥、青洛桥拆毁 40 多次,毁坏公路百余处,袭击敌据点 20 余次。1943 年春,日军修筑蚌埠至水家湖铁路,怀二区军民开展了顽强的破路斗争。筑路之初,白天,敌人沿线"扫荡"、勘察测量;夜晚,怀二区军民就拔除坐标、填平桩眼,使该工程两个月无进展。经过破路斗争,迟滞了日军筑路工程,水蚌铁路修了一年多才通车。

津浦路西联防部队和抗日自卫队坚持前哨阵地,开辟新的根据地。1941 年,日、伪军及桂顽第一三八师、第一七一师疯狂进攻津浦路西抗日根据地。1941 年秋,为监视敌人的行动,路西联防部队在根据地东南方向成立了全椒县孤山游击队。这支游击队在敌人四面包围之中坚持斗争,在战火中锻炼成长,到 1943 年时已发展成为拥有 400 多人、300 多支枪的坚强队伍。

在开辟和坚持淮西抗日根据地斗争中,淮西独立团和寿县区、乡武装进行较大的战斗 30 余次,毙伤日、伪军 325 人(其中日军 12 人),俘虏日、伪军 526 人(其中日军 2 人),缴获长短枪 660 余支、轻机枪 11 挺。该部队在寿东南战斗 4 年,从 1 个连发展到 9 个连,近千人,建立了寿东南多个区级抗日民主政权。

津浦路西联防部队和广大民兵,是坚持津浦路西斗争、保卫人民利益的坚强的人民武装,为津浦路西人民的解放事业做出了重要贡献。

新四军第二师和津浦路西根据地人民在日、伪、顽军夹击中,英勇顽强,艰苦作战,在极其困难的条件下,胜利完成了坚持路西的战略任务,路西屏障巍然屹立于皖东大地,使淮南抗日根据地成为华中最巩固的抗日根据地。

## 三、攻势作战,收复失地

1943年9月以后,为加强津浦路西地区的对敌斗争,适应局部反攻的需要,第二师主力全部部署在路西地区。第四旅部署在东南部的得胜集一带,担负机动作战任务;第五旅部署在西南部的宣家岗一带,担负巩固和扩大路西根据地的任务。在第二师对日、伪军发动攻势作战的过程中,国民党桂顽置国家与民族利益于不顾,与日、伪军配合,更加频繁地进攻路西根据地。为此,第二师路西部队采取了北攻南防的作战方针,对北线的日、伪军开展攻势作战,对南线的国民党桂顽利用"罗炳辉防线"分兵进行自卫。

1943年10月,第五旅第十四团在定远县总队配合下,在北线主动出击日、伪军,拔除了定远县东兴集、陈圩子等据点,歼伪军徐郁堂部300余人,击溃了由定远城增援的日、伪军600余人。正值第二师在北线出击日、伪军之际,南线的桂顽第五一一团和第十游击纵队进攻五尖山阵地,企图直捣津浦路西中心地区。第

▲ 新四军第二师师长罗炳辉

二师第五旅第十五团顽强抗击,将敌击退。11月,第五旅部队又击退了向定远县占鸡岗阵地进攻的桂顽2000余人。第二师在北线、南线的胜利,使津浦路西的形势趋于稳定,战略由被动开始转为主动。

10月初,为打击全椒西部平塘(村)顽军第十游击纵队的一个中队和特务武装"白刀队"对根据地的骚扰破坏,第二师第四旅第十一团奔袭了平塘,全歼顽军250余人,拔除了这个对津浦路西根据地危害极大的反动据点。

12月,为了反击桂顽对五尖山、占鸡岗等地的袭扰,配合第七师粉碎桂顽对皖江地区的进攻,第二师第四旅第十团奔袭全椒县程家市的顽军据点,经两个小时战斗,全歼顽军500余人。

1944年3月2日,津浦路西军分区凤定嘉县总队凤四区区队攻克凤阳县红心铺伪据点,俘虏40余人,缴获长短枪42支、子弹1000余发,炸毁碉堡3座,收复了红心铺。

5月下旬,日军第六十一师团1个大队及伪军共2500余人,"扫荡"津浦路西根据地,合击根据地中心区藕塘镇。新四军第二师第五旅全力投入反"扫荡"战斗,重创敌人。第十三团还乘定远县城内只有少数日、伪军把守的有利时机,突然攻入定远城,击毙日、伪军10余人,俘伪军22人。6月3日,日、伪军仓皇撤退。这次历时7天的反"扫荡",第五旅共毙俘日、伪军100余人。

10月21日,第五旅第十四团和旅警卫连夜袭凤阳县殷涧伪据点。22日上午,临淮关日、伪军一部增援,被第十四团击退。下午,驻蚌埠日军鲁山大队及伪军一部在飞机掩护下再次增援,第十四团给予迎头痛击,并与敌展开肉搏战,激战一个多小时,毙伤日军70余人、伪军100余人,收复殷涧。

1944年11月10日,日军第六十一师团一部和伪军近万人,分七路向津浦路西中心区藕塘、张桥等地"扫荡"。第四、第五旅和路西地方武装开展游击战,与敌周旋半个月,歼敌700余人。26日,日、伪军被迫分路撤退。

▲ 1944年6月19日《解放日报》第一版关于淮南津浦路西新四军攻入定远县城、粉碎敌人"扫荡"的报道

11月13日,桂顽第一七一师第五一一、五一二团及地方顽军在第五一二团团长蒙培琼指挥下乘日、伪军"扫荡"之际,分两路进攻津浦路西地区,占领曹家岗、延寿集、青龙厂等地。第五旅和路西军分区第十八团,在占鸡岗地区反击桂顽,奋战两天,全歼桂顽4个营和土顽一部,共2000余人。

## 占鸡岗战斗

11月19日上午8时,桂顽蒙培琼指挥4个主力营和土顽牛登峰部300余人,分两路扑向占鸡岗地区。一路由第五一二团二营营长蒙佐宣指挥,向董大圩进攻;蒙培琼直接指挥3个营,向占鸡岗进攻。顽军先以大炮猛烈轰击,然后在轻重机枪掩护下,向我阵地扑来。我军(第五旅和路西军分区第十八团)指战员,用步机枪、手榴弹猛烈向敌人还击,一排排子弹、手榴弹在敌群中横飞,击退了顽军一次次进攻。守董大圩的部队,是第十四团三营营长彭家祥指挥的七连,这是个能守善战的连队。彭家祥任七连连长时,就指挥七连在皖东北张楼战斗中,坚守何宅子,激战竟日,堵住了日军先后两批500余人的援兵;在淮宝曾击退偷袭高良涧日军200余人。这次是仓促进入战斗,来不及构筑坚固工事,边应战边挖散兵壕。他们先在村沿杀伤进攻之顽军,后利用圩内房屋作掩护,同其逐屋争夺,杀伤顽军,坚守到我主力出击。守占鸡岗的部队是路西军分区第十八团九连和区武装,在第十四团支援下,先在外围杀伤进攻之顽军,后退入核心工事坚守。第五旅两地守备部队,英勇顽强,坚守阵地,大量杀伤、消耗、疲惫顽军,对这次战斗全胜起到重大作用。

战斗到下午3时,蒙培琼仍以为占鸡岗地区只有我十

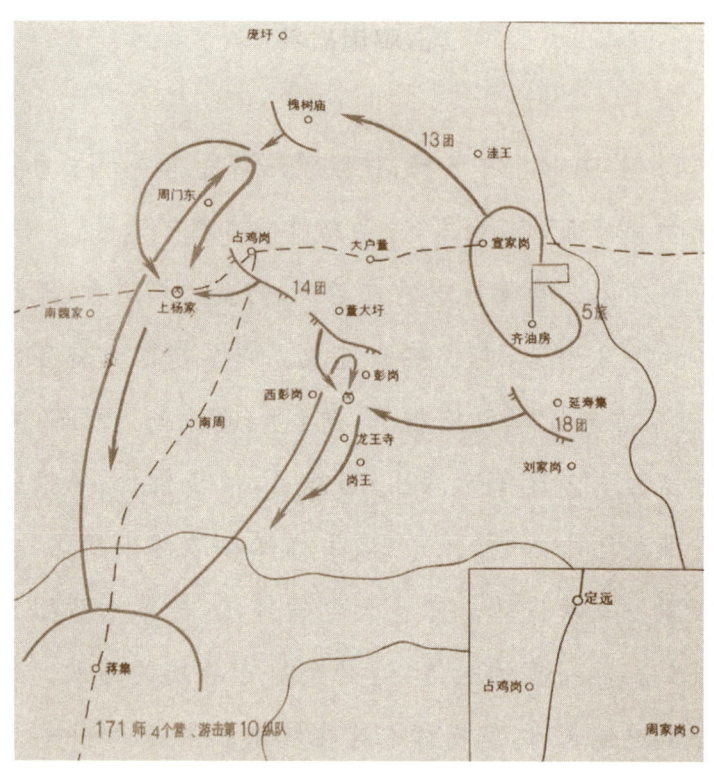

▲ 占鸡岗战斗要图(1944年11月19日至20日)

八团部队,重新调整部署,拟将占鸡岗、董大圩包围起来,一举全歼第五旅两地守备部队。此时,第十三团和旅骑兵连、侦察连、炮兵连已由张桥镇隐蔽运动到占鸡岗以北顽军侧翼。旅长成钧来到第十三团指挥,乘顽军调整部署之机,指挥部队突然出击。骑兵连纵马横刀冲入敌阵,侦察连和第十三团一、二营紧紧跟随,如猛虎下山,与顽军短兵相接,展开了肉搏战。桂顽在我突然打击下乱了阵脚,节节后退。我军乘胜追击,歼其一个多营。第十四团一、二营由占鸡岗以南出击,配合第十三团将蒙培琼及其残部包围在上杨家;第十四团三营和第十五团向攻董大圩之顽军出击,将其分割包围于西彭岗、小彭岗。

我各出击部队,打得猛,协同好,骑兵连起了开路先锋的作用。连长高和昌一马当先,率领全连冲入敌阵,杀得顽军血肉横飞。桂顽第五一三团三营营长在被俘时,还双手抱头惊呼:"太可怕了,骑兵猛不可挡,向左躲,左一刀,向右躲,右一刀,没法招架。"旅侦察连,第十三团一、二营紧随骑兵连,冲入敌阵,协同骑兵展开白刃战,杀得顽军狼狈逃窜。第十四、第十五团接到指挥所出击号令,立即猛冲敌阵,与第十三团密切配合,一鼓作气将顽军4个营分割包围。当晚,第十四团和第十五团各一部,在副旅长张翼翔指挥下,歼灭了困守小彭岗之顽军,歼灭一个步兵连,一个重机枪排。第十三团对退守上杨家之顽军,做了围歼的准备。

20日,我们分析桂顽可能派部队增援,决定抽出第十五团和第十四团一部兵力,准备打援。困守西彭岗之顽军,乘我调整部署之机,向龙王寺突围。第十五团和第十四团各一部在后面猛追,第十八团一营在前面堵截,在我前后夹攻下,除顽营长蒙佐宣带10多人侥幸逃跑外,其余全部被歼。第十三团和第十四团对被围在上杨家残敌发起攻击。我攻击部队先用迫击炮、枪榴弹向敌阵轰击。

▲ 1944年11月,谭震林检阅占鸡岗战斗胜利后的第五旅参战部队

顿时上杨家浓烟滚滚,将顽军熏得睁不开眼、透不过气,残顽像散了群的鸭子,四处逃窜。我立即发起猛攻,穷追猛打,歼顽大部。蒙培琼率残部逃入小朱庄,企图顽抗。我追击部队冲入村内,仅用10多分钟,就全歼了顽军。下午4时左右战斗全部结束。增援的第五一一团闻讯立即南逃。盘踞多年,危害我区的谢圩子的土顽,也弃巢逃走,谢圩子为我十八团收复。蒙培琼藏在壕沟内装死,被我打扫战场的部队活捉。

  这次战斗,全歼桂顽4个主力营和参战之土顽部队共计2000余人。其中生俘团长1名、营长3名。①

---

① 成钧,赵启民:《占鸡岗歼灭战》,见上海市新四军历史研究会二师淮南研究分会:《战斗在淮南——新四军第二师暨淮南抗日民主根据地回忆录》,上海:上海文艺出版社,2005年,第367—368页。

第四旅第十团又乘势攻克土顽周家岗等据点,歼土顽300余人。这次反"扫荡"、反"摩擦"战斗的胜利,进一步改变了路西地区的斗争形势,巩固和扩大了根据地,策应了第七师在皖江地区的斗争。

1945年1月,为了进一步扩大根据地,为战略反攻做准备,第五旅集中整训,准备执行机动作战任务。同时,新四军军部决定,重建第二师第六旅,由第六旅兼路西军分区,并担负津浦路西防务。任命陈庆先为第六旅旅长兼路西军分区司令,黄岩为政委,饶守坤为副司令兼参谋长,汪少川为政治部主任。第六旅辖第十八团、巢北支队(后改为巢合独立团)、淮西独立团和定远、定凤怀、凤定嘉、滁全、定合等县总队。6月,第六旅组建第十七团。

华中局、淮南区党委对津浦路西地委班子进行了调整,以适应战略反攻需要。1945年1月,任命黄岩为津浦路西地委书记。2月,增加黄岩为淮南区党委委员。

1945年3月4日,为配合第七师坚持巢无阵地,第二师主力对周家岗至肖家圩一线国民党桂顽据点发动全面进攻,连克肖家圩、界牌集等据点12处,歼桂顽第五一一团1个营及土顽300余人,迫使桂顽撤回进攻第七师的部队。

桂顽在第二师和津浦路西地方武装自卫反击战中遭受打击后,不甘心失败,又集中优势兵力,企图进攻路西根据地中心区。为此,军部决定,发起黄疃庙反顽战役,反击顽军进攻并借此恢复被顽军切断的第二师、第七师交通联系。

## 黄疃庙战役

1945年3月,国民党桂顽调第七军第一七二师第五一五团及军属迫击炮连等部东援第一七一师,其总兵力达1.3万人,向津浦路西地区新四军第二师部队进攻。在此紧急情况下,新四军军部决定除第二、第七师主力及南下增援皖江的第三师独立旅外,调第三师第七旅到津浦路西进行反顽战役。4月5日,新四军军部又决定成立路西战役指挥部,由第二师政委谭震林、第三师第七旅旅长彭明治任正、副指挥。路西战役指挥部决定围点打援,力求在运动中歼敌一部,迫顽西撤。4月14日晚,新四军第二师第五旅一部开始围攻王子城顽1个营。桂顽第一七一师以主力及第十游击纵队、保安第三团各一部,分由梁园、古河等地驰援王子城,均被包围在黄疃庙南北地区。4月15日,第二师、第三师第七旅和第七师一部等参战部队向被包围在黄疃庙地区的顽军发起攻击,经6昼夜激战,攻克王子城、黄疃庙、古城集、广兴集、富旺集、鸡鸣桥、八斗岭等顽据点13处,歼国民党顽军约2个主力团,其中生俘顽第五一二团团长以下1300人,缴获迫击炮5门、轻重机枪40挺、长短枪1100余支。第四旅全歼顽军1个整营。在战役进行中,军首长饶漱石、张云逸等来到

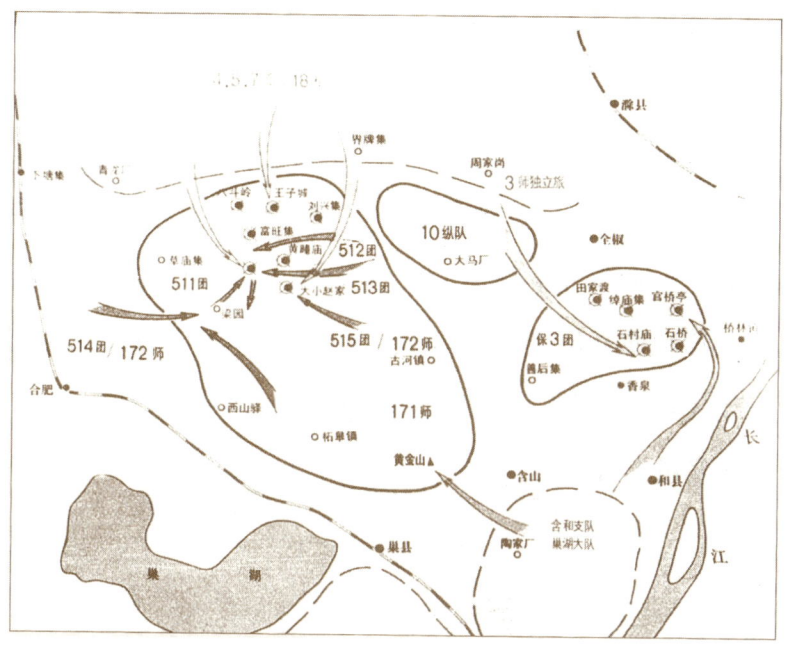

▲ 黄疃庙战役要图(1945年4月15日至23日)

路西指挥作战。新四军各参战部队英勇顽强、连续作战、不怕牺牲,出色地完成了上级交给的任务,同时也付出了较大的代价,伤亡达2500人,其中阵亡约700人。① 第二师第五旅第十四团团长兼政委朱茂绪在战斗中英勇牺牲。"此战役基本完成增援第七师,打通第二、第七师联

---

① 张云逸,饶漱石,赖传珠:《张云逸、饶漱石、赖传珠关于津浦路西自卫反击战役经过情形致毛泽东等电(1945年4月26日)》,见中国人民解放军历史资料丛书编审委员会:《新四军·文献(4)》,北京:解放军出版社,1995年,第778页。

系,与给予桂顽以严重打击之目的"①。

7月,国民党桂顽第一七二师4个营进攻肥东白龙厂地区,巢北支队三连顽强抗击,坚守阵地7昼夜,后在第五旅第十四团、第六旅第十八团和巢北支队主力支援下,打退了顽军的进攻。

第二师和津浦路西根据地人民经过一年多时间的攻势作战,打击了敌人,壮大了自己,巩固和扩大了根据地,为迎接全面反攻奠定了坚实的基础。

## 四、夺取抗日战争的最后胜利

1945年8月,抗日战争形势发生急剧变化。8月8日,苏联对日宣战。8月9日,苏联红军进入中国东北,向驻守的日本关东军发动全线进攻,中国抗日战争进入全面反攻阶段。8月10日,日本发出乞降照会。

8月10日,中共中央华中局、新四军军部根据毛主席、朱总司令大反攻命令,部署全军反攻。新四军第二师各部队遵照军部命

---

① 张云逸,饶漱石,赖传珠:《张云逸、饶漱石、赖传珠关于津浦路西自卫反击战役经过情形致毛泽东等电(1945年4月26日)》,见中国人民解放军历史资料丛书编审委员会:《新四军·文献(4)》,北京:解放军出版社,1995年,第778页。

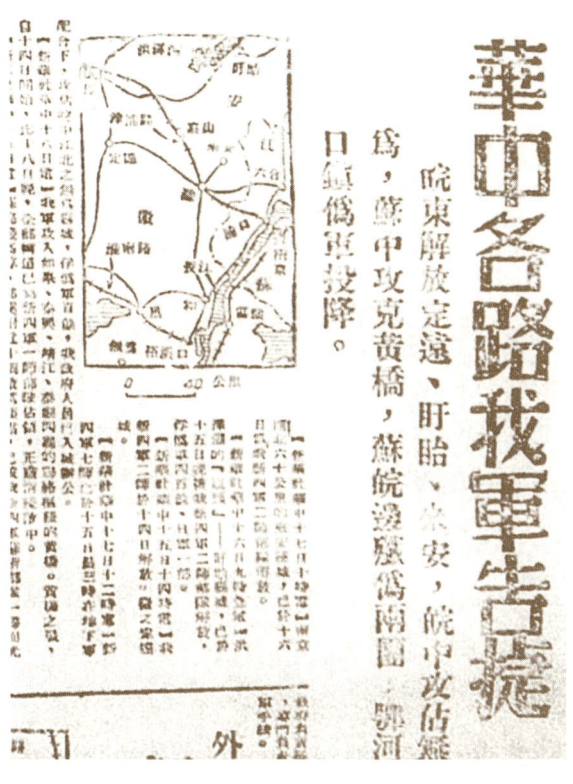

▲ 1945年8月17日,《解放日报》关于华中新四军反攻告捷的报道

令,立即发起了对津浦、淮南铁路沿线及日军在淮南地区所占重要城镇的进攻。第四旅向滁县、全椒进攻,攻克了陡岗、腰铺等10多个日、伪军据点,对刘府镇拒不投降的日军2个中队和伪军发起猛攻,毙伤敌100余人,俘敌100余人,直逼蚌埠城下。第五旅向蚌埠及其外围刘府、炉桥等日、伪军据点进攻。第六旅向淮南铁路沿线进击,攻克了朱家巷、下塘集等据点,逼近水家湖。路西

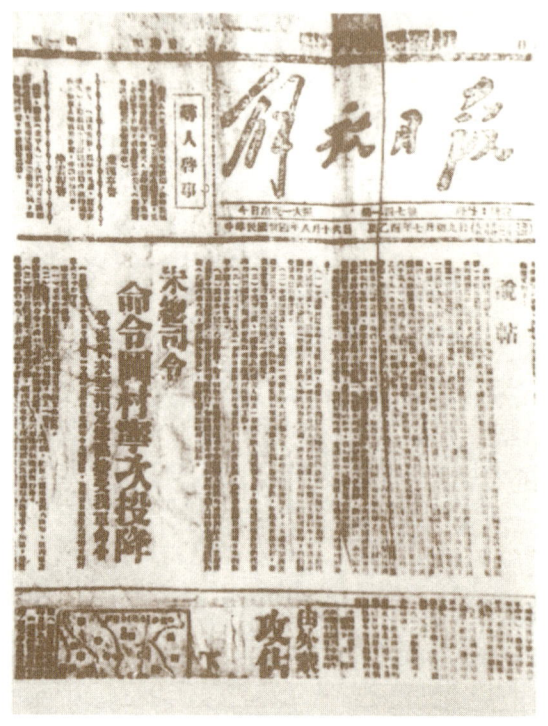

▲ 1945年8月16日,《解放日报》第一版报道:8月15日,朱德总司令命令被包围的日伪军向八路军、新四军等部缴械投降

军分区所属各县县总队在本县范围内积极出击日、伪军,拔除了一些据点。

### 刘府战斗

1945年8月10日,新四军遵照毛主席、朱总司令的命令,展开了全国规模的大反攻。新四军第二师奉命接受长江以北、淮河以南、运河以西、淮南铁路以东地区日、伪军投降的任务。第二师第五旅负责接收嘉山、定远县城及水家湖沿线之日、伪军投降,重点是津浦铁路上的重镇蚌埠市。根据这一任务,第五旅于8月16日召开了团以上干部会议,制订了接收这些地区的作战计划,并确定由第十四团首先攻占蚌埠西南淮南铁路上的刘府镇和刘府火车站,切断敌之退路。

刘府镇距蚌埠市仅10余公里,是蚌埠的重要门户,敌人的防守十分严实。在镇子东南500米的坚固据点里,日军有两个中队约200余人。这些敌人不仅装备好,而且弹药充足,是一块难啃的骨头。镇子东南的圩寨里有1000多名伪军,厚厚的寨墙四周是一圈很深的圩沟,寨内还有敌人的炮楼,同样也是一个易守难攻之地。镇内的伪乡公所也有一支30余人、数十条枪的反动武装。刘府火车站的碉堡里,则驻有日军一个分队。依据掌握的这些情况,第十四团决定以第二营包围伪军圩寨的西、北两面,以第三营包围日军据点和伪军圩寨的南面,先展开政治攻势,向日、伪军喊话,用攻心战促其缴械投降。伪军如不投降,以攻坚手段将其消灭。日军如不投降,先包围起来,然后构筑工事,听候上级命令行事。一营二连和团直属侦察连负责攻占火车站,并警戒蚌埠方向,防止敌人增援。镇内伪乡公所的反动武装,由侦察连负责消灭。一营的一、三连为团预备队。各营、连根据自己的战斗任务,迅速投入紧张的战斗动员和战斗准备工作。

8月17日黄昏,第十四团指战员精神抖擞地集合在定远县安子集外的一个小山坡上。团首长向部队做了简短的动员,宣布了行军的序列和夜行军的注意事项。部队随即开始静悄悄地向刘府镇方向疾驰进发。

8月18日拂晓,部队到达刘府镇南靠山集,隐蔽住下。同时派人同定凤怀县政府取得联系,与他们共同研究了情况。定凤怀县政府负责支前工作。各营召集连以上干部对作战任务做了具体布置和分工,进一步做了战斗动员。各排、班召开"诸葛亮会",人人献计献策,进一步明确自己的任务。全团上下信心百倍、斗志昂扬,专等出击命令。

18日深夜,团部发出命令,各营按预订方案急速向刘府镇挺进。19日拂晓,我军进入刘府镇的中心地点,控制了有利地形,将日、伪军分割包围在驻地内。与此同时,侦察连以迅雷不及掩耳之势,突进伪乡公所,一枪未发就将睡梦中的30多名敌人全部俘虏。一营二连和侦察连在向刘府火车站前进途中,发现了从刘府车站出来巡逻的20多名日军,指挥员一声令下,机枪、步枪一齐开火,密集的子弹雨点般地射向敌人。敌人猝不及防,一片混乱,被打得嗷嗷乱叫。有的还未弄清怎么回事,就倒下毙命了。

侥幸没有死的仓皇向蚌埠逃去,我军乘胜占领了刘府车站。这时包围日、伪军的二营、三营向敌人展开了政治攻势,命令日军缴械投降。敌人拒不投降,拼命向我射击。面对垂死挣扎的敌人,团部命令二、三营分3个方向,在敌人圩寨200米处的开阔地构筑蛇形工事,进行近迫作业,加紧做攻坚准备。

8月20日中午,我军顶着炎炎的烈日,冒着敌人的枪弹,把蛇形工事延伸到敌人的据点和圩寨旁。日、伪军见状大为恐慌,圩寨里的伪军急忙将圩寨东面扒开一个大口子,同据点中撤出来的日军会合,在蚌埠日军的接应下,向蚌埠方向逃窜。各营迅速追击,战士们一个个犹如猛虎下山,势不可当,许多战士冲到了敌人的面前。在火车站附近的庄稼地里,我军堵住了两个中队的日军。一瞬间,机枪、步枪、手榴弹向敌人劈头盖脸地打了过去。日军血肉横飞,鬼哭狼嚎,跑在前面的敌人像被割倒的高粱一样躺在庄稼地里。乘敌惊魂未定,团部号长和连队的号兵一起吹起嘹亮的冲锋号,指战员奋勇冲入敌阵,同敌人开展激烈的肉搏战。战士们在敌群中左突右冲,越战越勇,敌人死的死、伤的伤,完全丧失了抵抗能力。只有少数敌人夺路向蚌埠方向窜去。突围的伪军,乘新四军同日军肉搏的空隙,大部逃往蚌埠。第十四团指战员一直进抵蚌埠西南郊高地,才停止追击。

这次战斗,第十四团共毙伤日、伪军 100 余人,俘日、伪军 100 余人,其中击毙日军 60 余人、俘日军 18 人,缴获汽车 1 辆、九二式步兵炮 1 门、机枪 5 挺和大批军用物资。

8 月 15 日,日本宣布无条件投降。这时,以蒋介石为首的国民政府命令八路军、新四军所属部队原地驻防待命,"不得擅自行动",命令国民党军队积极推进,抢夺胜利果实。还下令日、伪军坚守原阵地和交通线,不得向八路军、新四军投降。8 月 23 日,新四军第二师第五旅对拒不投降的蚌埠日军展开进攻。这时,国民党桂顽 3 个师绕道淮河北岸,进入蚌埠市,实行"受降"。第五旅被迫停止向蚌埠进攻。面对复杂情况,第二师主力部队顾全大局,奉命转移到津浦路东地区。

在战略反攻阶段,8 月 14 日,第五旅收复了定远县城。津浦路西地委决定,凤定嘉县并入定远县。

9 月 2 日,日本天皇、日本政府和日本帝国大本营代表在投降书上签字。至此,中国人民抗日战争胜利结束。定远人民在中国共产党领导下,夺取了民族解放战争的彻底胜利。

# 第六章

## 保卫解放区战斗和敌后坚持

### 一、抗战胜利后定远地区的形势

抗战胜利后,中国人民迫切需要一个和平安定的环境,休养生息,重建家园。中国共产党从人民的这一根本愿望出发,主张团结一切爱国民主力量,把中国建设成为独立、自由、民主、统一、富强的新国家。这是一个光明的前途。与此相反,国民党统治集团则企图依靠美国政府的支持,在中国继续维护国民党一党专政的统治。这是一个使中国继续处于半殖民地半封建社会的黑暗前途。为了争取中国走向光明前途,中国共产党领导广大人民同国民党统治集团展开了复杂而激烈的斗争。中国革命由此进入

一个两种命运、两个前途的新时期——全国解放战争时期。

经过谈判,国共双方于1945年10月10日正式签订《政府与中共代表会谈纪要》(即双十协定),并公开发表。中共代表在不损害人民基本利益的原则下,做了一些让步,其中包括让出皖中、皖南在内的8个解放区,将上述地区的人民军队分别撤至长江以北或陇海铁路以北地区。根据这一精神,中共中央在9月19日向党内发出《目前任务和战略部署》的指示,确定"全国战略方针是向北发展,向南防御",并要求华中新四军(除五师外)调8万兵力到山东和冀东。

遵照党中央的战略方针,在淮南解放区的新四军部队实行了战略转移和重新部署。1945年9月21日,中共中央华中局和新四军军部由淮南解放区移驻淮阴。10月,按照党中央的指示,华中局和新四军军部率新四军第二师主力第四旅、第五旅及第四师主力一部和第七师北移山东临沂。

华中局和新四军军部北移山东后,为加强对苏皖解放区的统一领导,中共中央决定在华中成立新的党政军领导机构。1945年10月25日,中共华中分局在淮安成立,邓子恢、谭震林分别任正、副书记。华中分局成立后,对下属党组织进行了调整。撤销苏中、苏北、淮北区党委,保留淮南区党委。上述4个区党委所辖地委统一调整为8个地委。由萧望东任淮南区党委书记,黄岩、李世农任副书记。原淮南津浦路东地委改为华中第三地委,李世农任书记;原淮南津浦路西地委改为华中第四地委,黄岩任书记。

10月底,苏中、苏北、淮南、淮北4个解放区统一划分为8个行政区(简称分区),与华中分局的8个地委相一致。淮南津浦路东解放区为第三行政区,陈舜仪任专员,周元斌任副专员。淮南津浦路西解放区为第四行政区,下辖定远、定合、滁全、定凤怀、寿县等5个县,郑抱真任专员(后由裴海萍接任),副专员为李竹平、罗平。保留淮南军区,由周骏鸣任淮南军区司令,萧望东任政委,梁从学任副司令兼参谋长,朱云谦任副参谋长,徐海珊任政治部副主任。原淮南津浦路东军分区改称为华中第三军分区,朱云谦任司令,李世农任政委;原淮南津浦路西军分区改称华中第四军分区,陈庆先兼任司令,黄岩任政委。

抗日战争期间,淮南地区由于受到日、伪军的疯狂进攻和掠夺,经济遭受巨大损失。抗战胜利后,热爱和平的淮南解放区①人民在中国共产党的领导下,积极开展医治战争创伤、重建家园工作。1945年9月9日,津浦路西地委、专署做出《关于减征及部分豁免秋季粮赋》决定,对烈士直系家属、收成差的贫苦的直系抗日干部家属,以及纯以种田为业的贫苦农民,予以豁免秋季全部粮赋。其余,减征标准在百分之十至百分之四十酌情处理。仅10月份一个月,津浦路西专署就连续发出4份关于稳定金融市场、加强进出口物资管理等内容的公告(布告)。

---

① 淮南解放区就是抗日战争时期的淮南抗日根据地,由津浦路东、津浦路西两个地区组成。1945年10月底,津浦路东解放区称为华中第三行政区,津浦路西解放区称为华中第四行政区。

国共双方签订停战协定和发布停战令后,津浦路西地区新四军部队严格执行停战协定,仅定远、定合、定凤怀3县地方武装就复员干部战士160余名。4月29日,定五区藕塘市举行欢迎复员军人大会,欢迎70多名战士返回家乡从事和平建设。

1946年5月4日,中共中央发出《关于清算减租及土地问题指示》(以下简称"五四指示"),把党在抗战时期实行的减租减息政策,改为没收地主土地分配给农民的政策。5月11日至14日,淮南区党委在天长县城召开了扩大会议,讨论当前形势,传达学习中央"五四指示"精神,讨论研究贯彻意见,部署全区土改工作。7月初,国民党军队大举进攻淮南解放区,土地改革被迫停止。解放区人民休养生息的美好愿望,也终被打破。

## 二、保卫解放区战斗和奉命北撤

淮南地区位于苏皖交界处,处于国民党统治中心南京的卧榻之侧,控制交通大动脉津浦铁路的南侧。国民党当局急于"还都",把淮南解放区看作是心腹之患,决定以重兵包围淮南解放区。早在国共两党重庆谈判期间,国民党桂系第四十八军第一七六师和皖保五团就于10月初向津浦路西寿(县)东南地区发动进攻。新四军淮南军区淮西独立团被迫撤到津浦路西中心区定远县。

1945年12月31日,驻凤阳的国民党军第一七三师进攻驻定远的新四军淮南军区部队,并于当日占领定远县城。第六旅和华中四地委、四专署机关奉命转移到津浦路东地区。1946年1月13日,停战协定生效后,津浦路西出现了一段短暂的和平景象,形势好转,华中四地委等党政军机关和部队又回到了路西地区。

毫无和平诚意的国民党军队并没有因为停战协定而停止进攻淮南解放区。1946年1月上旬,国民党军第七十四军第五十八师侵占了津浦路东六合县城。紧接着,国民党军调兵遣将,包围、分割淮南解放区。5月10日,国民党军第四十八军第一三八师、第一七二师等9个团,分7路进攻津浦路西解放区。由于敌我力量悬殊,华中四地委、专署机关和大部分县委机关及第六旅第十八团等部再次撤到津浦路东地区。

6月26日,国民党军队向中原解放区发动进攻,全面内战爆发。7月中旬,敌人向华中苏皖解放区大举进攻。在淮南,国民党军队发起所谓"天长、盱眙战斗",直扑津浦路东解放区,并宣称:只有攻占淮南,才能"解除首都威胁,确保津浦路南段及长江交通",以达到保障"首都安全的目的"。7月16日,在邱清泉统一指挥下,国民党军队第五军第四十五师胡长青部、整编第七十四师第五十八旅(缺一个团)组成东集团,由六合进攻天长;第五军第九十六师黄翔部作为西集团,由来安进攻盱眙。两路军队共4万人,都是美式装备,步炮协同作战,还有空军配合,企图将新四军淮南军区部队压缩在三河①和洪泽湖以南盱眙、天长地区,以聚而歼之。淮南解放区处在生死存亡的紧急关头。

6月底,由成钧、赵启民率领的新四军第二纵队第五旅(原第二师第五旅)由山东返回华中,到达淮南。7月初,新四军军部决定重建第二师兼淮南军区,任命周骏鸣为师长兼司令,萧望东为政委,成钧为副师长,赵启民为副政委,梁从学为副师长兼参谋长,朱云谦为副参谋长,余立金为政治部主任。第二师兼淮南军区下辖第五旅、第六旅、淮南独立旅和华中第三、第四军分区。

7月25日,华中军区副政委谭震林率军区特务团由苏北返回淮南,代表华中分局、华中军区全权指挥淮南地区作战。

这时淮南主力部队仅有2万余人,其中第六旅和独立旅大部分是抗战胜利后入伍的新兵。进攻淮南的国民党军队在兵力、武器装备方面都占有绝对优势,双方强弱悬殊。

7月16日,保卫淮南的战斗正式打响。国民党军东、西集团全力向天长、汊涧地区进攻,淮南军区主力部队奋起迎战。经过近半个月的连续战斗,我军消灭国民党军4个营又3个连3000人,但仍不能从根本上改变不利局面,阻止其进攻。

8月12日,华中军区决定以第六旅第十六团配合地方武装坚持游击战争,其余第五旅全部及第六旅第十八团等部北撤到淮安、宝应地区等待时机。遵照华中军区决定,第二师兼淮南军区

① "三河"在江苏省金湖县境内,是连接洪泽湖与宝应湖、高邮湖的河流。

各部队迅速转移。淮南解放区被国民党军占领。

鉴于淮南解放区党政军机关和人民武装已经撤退到苏北等地区,1946年9月23日至25日,中共中央华中分局、华中军区决定,撤销淮南区党委、淮南军区,撤销华中第三地委、专署(路东地区)和华中第四地委、专署(路西地区),以及各县党政军建制。

## 三、津浦路西地区的敌后坚持

1946年4月下旬,为了应对日益严峻的对敌斗争形势,华中第四地委决定,将津浦路西地区划分为定远、定滁全、定合、定凤怀4个县,由杨卓群任定远县委书记,陈克奇任县长;黎竞平任定滁全县委书记,罗应生任县长;张志一任定合县委书记,张绍文任县长;艾天白任定凤怀县委书记,赵履清任县长。这一决定便于第四地委集中领导、集中力量,坚持津浦路西阵地。

5月10日,国民党军以9个团的兵力分7路向津浦路西地区进攻。敌人首先抢占定远县城和华中四地委所在地藕塘及大部分乡镇,同时进行全面"清剿"。当日夜,华中四地委、四分区在滁县常山岭召开各县负责人紧急会议,部署"县不离县、区不离区、乡不离乡"斗争策略,要求各县坚持40天,争取形势好转。由于敌强我弱,力量悬殊,5月19日,地委领导机关和第六旅主力部队在黄岩、陈庆先率领下,被迫转移到津浦路东。路西新四军主力和党政军机关撤退后,第六旅副旅长李国厚、政治部副主任杨效椿率领一个营武装,组成前方指挥所,组织领导各地坚持斗争。6月初,由于形势日益严峻,李国厚、杨效椿奉命向苏北转移。这时,定远、定合的党政干部和武装,纷纷向定凤怀地区集结,为便于统一领导,华中四地委决定,以定凤怀县为基础组建定凤怀中心县委和县支队,由原定远县委书记杨卓群任中心县委书记,孙传家为委员兼支队司令,继续坚持敌后斗争,其他各县党政军机关和军政人员分批北撤。

在撤退过程中,根据地委、军分区的指示、命令,定滁全、定合地方武装坚守阵地、阻击敌人,掩护部队和机关撤离,牺牲重大。界牌集战斗、卜店阻击战的光荣历史至今仍留在定远人民的记忆中。

### 界牌集战斗

1946年5月19日,国民党地方武装一个营,携迫击炮5门、轻重机枪10余挺,进攻定滁全界牌集工事,驻守工事的武装只有章广区队、区侦察队15人,界牌乡模范队19人,共34人。面对装备精良、数倍于我的敌人,守卫界牌集工事的34名勇士,临危不惧,奋起反击,激战一昼夜,直至弹尽粮绝,全部壮烈牺牲。

## 卜店阻击战

1946年6月6日,定合县五区区队奉命赴卜店阻击敌人进攻,掩护县党政军人员撤离。区队长曹广率领区队90余人,刚进入卜店碉堡工事,就遭遇国民党土顽一个团的进攻。战斗打响后,敌人的炮弹像雨点一样倾泻在工事周围。五区区队奋起抵抗,坚守三天三夜,打退了敌人数十次进攻,胜利地完成阻击任务。是役,歼灭敌人80余人,五区区队也牺牲50多人。

在定凤怀县支队司令孙传家领导下,县委组织部副部长周衣冰(怀二区区委书记、区队教导员)和凤一区区委书记余健、凤二区区委书记宋乃冰等,以及县支队一个连和少数区、乡干部就地坚持游击。敌主力部队、特工人员和土顽联合进行极其残酷的梳篦式"清剿",此时,国民党反动派的县、区、乡、保政权及特务组织普遍建立,斗争形势十分艰险。定凤怀县支队坚持部队化整为零,隐蔽活动,夜间出击,镇压危害极大的反动分子,积极争取乡、保、甲长和中间派力量,秘密联系群众,掩护自己。

7月上旬,定远县池河区委书记施修石随孙传家由津浦路东返回路西,行至凤阳县红心铺附近时,因遭遇敌军,在激战中壮烈牺牲。

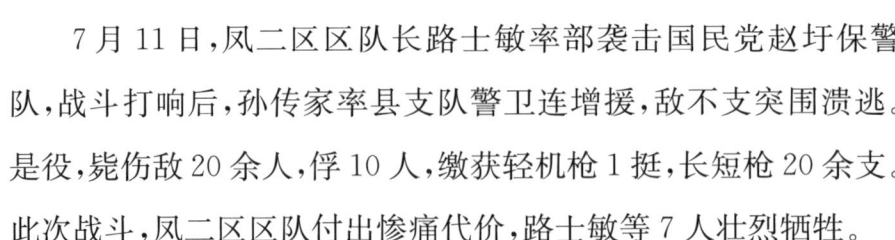

7月11日,凤二区区队长路士敏率部袭击国民党赵圩保警队,战斗打响后,孙传家率县支队警卫连增援,敌不支突围溃逃。是役,毙伤敌20余人,俘10人,缴获轻机枪1挺,长短枪20余支。此次战斗,凤二区区队付出惨痛代价,路士敏等7人壮烈牺牲。

8月上旬,杨卓群、孙传家率部撤至津浦路东休整。8月下旬,定凤怀中心县委决定,组建定凤怀武装工委和武工队,余健任工委书记,周泉任武工队队长,柳北辰任武工队指导员,坚持凤阳山区斗争。8月25日,杨、孙等中心县委负责人赴淮阴向华中分局汇报津浦路西斗争情况。在此期间,从中原突围经过津浦路西的皮定均旅30余位负伤、掉队同志留下和定凤怀武工队一起战斗。

定滁全县委根据华中四地委县不离县、区不离区、乡不离乡,坚持斗争,争取形势好转的指示,将全县党政干部和武装分为三路,由主要领导干部带领,分别在花山、定东南和巢县黄山(巢县与含山交界处)一带坚持斗争。县长罗应生带领部分干部、武装共200余人在滁县花山地区坚持游击斗争。当时在滁全一带敌人集中六七个团兵力,不分白天和夜晚来回"拉网",给罗应生部活动带来很大困难。开始,他们白天隐蔽在树林子里,晚上出来活动,后来晚上也不能活动了,搞不到饭吃,常常饿得走不动路。不久,跟随罗应生一道活动的军分区铁路交通大队大队长阮官清在白庙张战斗中牺牲,部队减员很大,无法开展活动。罗应生被迫率部转移到津浦路东盱眙县。

县委书记黎竞平、支队司令吴万银等带领一个主力营到巢县黄山地区采取"分散活动,定期集中"的方式坚持游击斗争。由于敌人天天"围剿",每天要打仗,战士们常常吃不饱,又累又饿,处境十分艰难。到初夏,160余人的部队仅剩30余人。县委组织部部长孙一新受命任和含全工委书记,坚持隐蔽斗争,在极其艰苦的条件下与敌人周旋,未离开全椒县。后因叛徒出卖被捕,被敌人秘密杀害于全椒城北。县委宣传部部长陶国祥率领定东南工委在定东南地区坚持一个多月后也失败。

敌人大举进攻时,滁四区(章广)、滁五区(曲亭)被分割包围。滁四区干部、武装200余人在界牌集以北的小华家被数倍于己的敌人包围,激战一天,牺牲20多人后被打散。滁五区干部、武装250余人,被敌人一个团的兵力包围在曲亭乡三星庙村。突围时区委书记刘家田、区队副童兴照、游击队长蒋干以及花山区区长吴光辉等被俘,7月6日,被俘人员被集体枪杀于滁城小西门外。北撤时,滁五区有400多名党员干部、战士民兵,或牺牲,或被俘,或流亡,是津浦路西损失最惨重的一个区。

5月18日,就在华中第四军分区通讯连一个排在孙岗一带架电话线时,藕塘被敌人占领,该排30多人与军分区机关失去联系,因缺少武器弹药和作战经验,在蔡家洼被敌第五一六团一个营包围,血战一天,全部壮烈牺牲。

1945年10月,淮西独立团和寿县区、乡武装被迫撤到津浦路西定远县后,由杨刚、冯道生领导的两支武工队根据地委指示,先后

3次派出侦察小组返回淮西地区,了解敌情,联系地下党组织和党员,为坚持淮西地区游击斗争做准备。1946年1月3日,华中四地委和军分区负责人黄岩、陈庆先、李国厚等在定远老人仓,召集赵凯、杨刚等人谈话,商量返回淮西坚持长期武装斗争问题。地委决定成立中共寿(县)六(安)合(肥)霍(邱)工作委员会、寿六合霍县政府和寿六合霍县总队。3月9日傍晚,赵凯率工委、县政府和县总队80多人从定远县吴圩出发,越过淮南铁路,向淮西挺进。

寿六合霍工委及其领导下的县总队挺进淮西后,由于跳出敌人包围圈作大范围的游击活动,使进剿之敌二三个月捕捉不到主要目标,不得不收兵回城。这时青纱帐渐起,县总队在寿东南一带,分散活动,发展组织,扩充队伍,密切与群众关系,不断摧毁敌人情报组织和保甲政权,镇压死心塌地的反革命分子,逐步建立了区、乡隐蔽政权,开辟和扩大了"心腹区"。随着斗争的深入开展,队伍不断壮大,党组织同人民群众逐步建立起鱼水深情。军民团结共同对敌,使游击斗争的熊熊烈火,迅速燃遍淮西。

在北撤时,华中第四地委对当时形势估计不足,缺乏思想准备和组织准备,也缺乏必要的物质准备,十分仓促部署就地坚持,最后,坚持的队伍损失很大。

1946年5月中旬至8月上旬,津浦路西地区军民在极其艰苦的环境中坚持了敌后游击斗争。他们革命信念坚定,不畏艰难困苦,不怕流血牺牲,在皖东大地上树起了一座座丰碑。

# 第七章

## 坚持凤阳山

党中央十分关心淮南解放区人民,北撤后不久,1946年12月,中共中央就做出"派部队、派干部恢复淮南、淮北工作必须立即进行"①的指示。中共华中分局立即贯彻落实党中央指示,决定成立中共淮南工作委员会,以黄岩为书记,陈庆先、李世农为委员,负责向淮南派遣精干武装和人员,领导收复淮南地区的斗争。

1947年1月15日,华中野战军第十二纵队第三十四旅政治部主任杨效椿奉命率第一〇〇团(原第六旅第十六团改编)二营,与原津浦路东淮宝县干部武装一起,先期从苏北阜宁出发,在宝应渡过运河,进

---

① 《中共中央同意华中、山东党政军合并统一领导复华东局并华中分局电(1946年12月25日)》,见中国人民解放军历史资料丛书编审委员会:《新四军:文献(5)》,北京:解放军出版社,1995年,第702页。

军淮宝地区。① 杨效椿部进入淮宝后,经过半个月英勇作战,打开了局面,建立了区、乡人民政权,为恢复淮南建立了前进基地。

1947年2月8日,淮南工委发出《关于坚持淮南游击战争的决定》,根据华中分局的指示,决定在淮南敌后成立5个党工委和游击支队。由于敌后斗争的复杂性和形势千变万化,淮南敌后5个工委和游击支队并没有完全按计划组织实施,各地根据实际情况建立了党的组织和武装队伍。

1947年2月,张百锷、徐速之率领淮南第二支队及所属3个大队140多名原淮南籍干部、战士从鲁南出发,一路风尘仆仆,多次打破敌人的围追堵截,行程400公里,历时58天,于4月上旬进入淮宝地区,来到三河北岸。为便于返回淮南后迅速开展工作,第二工委还建立了定滁全等工委,由第三大队教导员姜汉三任定滁全工委书记,副教导员谢捷三为委员。

1947年3月底,李世农、魏然率领由原淮南籍干部、战士组成的南下部队和干部大队在山东莒县十字坡附近整编待命。淮南南下部队编为一个武装营,由张运海任营长,丁明志任教导员。从华东军政大学抽调的100多名干部编成一个干部大队,由沙流辉任队长,李锐任教导员。

4月中旬,根据形势发展需要,中共中央华东局决定调整淮南

---

① 淮(阴)宝(应)地区位于江苏北部,运河以西,洪泽湖与高邮湖之间,是联系皖东、皖东北、苏北、苏中地区的枢纽,战略地位重要。

工委组成人员,并成立淮南支队。决定由李世农任淮南工委书记兼淮南支队政委,杨效椿、魏然、徐速之为工委委员,杨效椿任支队司令,魏然任副司令,徐速之任政治部主任,张百锷任参谋长。

华东局还决定,转移到苏北和苏中的原淮南津浦路东、津浦路西的干部和地方武装返回淮南游击区,坚持敌后斗争,把游击区恢复和发展成为解放区。

7月上旬,李世农、魏然率领淮南南下部队渡过运河进入苏北淮宝地区,与杨效椿部和张百锷、徐速之部会合。

1947年7月12日,中共淮南工委在淮宝县吕良桥召开第一次会议,研究制订进军淮南行动计划。会议决定将3支部队合编为淮南支队,杨效椿所带的第一〇〇团二营编为淮南支队第二营,张百锷、徐速之率领的淮南第二支队和李世农、魏然率领的武装合编为淮南支队第三营,支队直属一个侦通队。还决定李锐任淮南工委组织部部长,丁明志任民运部部长。淮南工委第一次会议的召开,标志着恢复淮南计划正式开始。

## 一、津浦路西中心县委的成立

遵照华中分局指示,1946年12月,周衣冰和薛本汉、吴涛[①]

---

[①] 薛本汉为原盱眙县委副书记,吴涛为淮北洪泽县总队政治处副主任。

等率百余武装从洪泽湖上岸,在国民党军前堵后追、四面包剿、极端险恶的情况下,一路打回津浦路西,与留下坚持凤阳山的余健等会合。为适应斗争需要,经过协商,成立了凤阳山中心县委和游击队,周衣冰任中心县委书记兼游击队司令,薛本汉、余健、吴涛为中心县委委员。经过一段残酷复杂的斗争,游击队在凤阳山区站住了脚。

凤阳山位于凤阳县城南30公里处,东西长约30公里,南北宽约15公里,当时属定凤怀、定远两县。

1947年1月18日,孙传家和宋乃冰、姚文玲等率80多人的武装从华中分局回到凤阳山,与周衣冰、余健等会合。1月21日,遵照上级指示,在凤阳山中心县委基础上扩大成立了中共津浦路西中心县委和路西支队,孙传家任中心县委书记兼路西支队司令,周衣冰为副书记、副司令,薛本汉、余健、吴涛、姚文玲、宋乃冰等为委员。津浦路西支队下辖三个大队。津浦路西中心县委以凤阳山为中心组建了4个工委:第一工委,书记姚文玲,大队长刘兰茂,主要活动在凤阳山以东地区,即原凤定嘉一带;第二工委,书记余健,大队长沙耀华,主要活动在凤阳山以南地区,即原定合县一带;第三工委,书记薛本汉,主要活动在凤阳山西部,即蚌埠至水家湖铁路两侧的灰色地区;第四工委,书记宋乃冰,大队长方仲仁,主要活动在凤阳山以北地区,即原定凤怀地区。

▲ 津浦路西支队司令孙传家

## 二、津浦路西地区的逐步恢复

津浦路西地区的坚持和斗争,在路西中心县委领导下,如火如荼地开展起来。1947年2月2日,路西支队一部袭击国民党凤阳县叹儿湾乡公所,毙俘敌30余人,缴枪20余支。此后,国民党军整编第四十六师第五六三团、第一三八师第四一四团和皖保安五团以及定远、凤阳两县保警大队共2000余人,开始对凤阳山区进行历时53天的大"清剿"。在孙传家领导下,路西支队利用山区的有利地形,依靠广大人民群众,采用避广(敌主力部队)打土(区、乡土顽)、避多打少等战术,进行反"清剿"斗争,取得了胜利。8月,敌第一三八师等北调,路西支队乘势从凤阳山区向外发展,奔袭定合地区的大李集乡公所,歼敌12人,后又攻克能仁寺、曹店、殷涧等据点。

11月初,张传家率路西支队在定凤怀县宋集休整。国民党凤阳县政府、县保警大队得到消息后,纠集近千兵力从三面向我军进攻。路西支队奋起反击,反守为攻,敌不支溃退。宋集战斗一时成为传奇故事在津浦路西地区流传。

## 宋集战斗

1947年11月初,津浦路西支队到定凤怀县宋集休整。宋集位于凤阳山中部,南、北两面都是山,峰峦叠嶂、岩洞幽深,能守能攻,是共产党游击队经常活动的地方。但是,东面的殷涧、西面的曹店都是敌人的据点,严重威胁游击队的安全。路西支队主力进驻宋集后,立即布防。这一年风调雨顺,是个丰收年,农民收成不错。秋粮收割后,当地庆祝一年一度的"收仓节"。集上请来了戏班子,演出泗州戏。游击队员和四邻八乡的老百姓一起看戏,军民同乐。国民党反动派是看不得老百姓高兴的,国民党凤阳县县长丁仰衡得到孙传家、周衣冰队伍在宋集的消息后,立即与县保警大队大队长陈卜吾召集刘府、殷涧、曹店等据点保警队负责人开会,制订偷袭游击队计划。

"收仓节"庆祝活动的第4天晚,丁仰衡、陈卜吾率县保警大队和8个联防区、13个乡公所近千人武装,分三路包剿宋集。敌人以夜色为掩护,悄悄地向宋集扑来。拂晓时分,敌人逼近了宋集。发现敌人偷袭后,孙传家、周衣冰临危不惧,沉着应战。支队领导冷静地分析了形势。尽管敌强我弱,游击队只有250余人,但是,支队指战员大都是主动要求留下来坚持敌后斗争的革命战士,他们不畏艰难,英勇善战,因此,对战胜敌人、取得胜利有把握。随即,支队领导决定组织力量,通过占领制高点进行反击。孙传家、周衣冰亲临第一线指挥战斗,周衣冰率领一连战士冲上山头,占领制高点,孙传家带领侦察排打退了占领桥头的敌人。三个大队的大队长挥舞大刀,带领战士一次次向敌人发起冲锋。在新四军猛烈的攻势下,敌人被打得抱头鼠窜,乱作一团。路西支队总攻冲锋号响起时,敌人慌忙撤退。部队乘胜追击,追了一里多路才停止。此战,共毙敌30余人,伤敌50余人,俘刘府联防区区队长以下70余人。缴迫击炮1门、轻机枪3挺、长短枪200余支。路西支队仅伤亡1人。

这一仗,粉碎了国民党凤阳县政府"一个月内消灭凤阳山共党游击队"的狂言,路西支队在凤阳山牢牢地扎下了根。

1947年12月中旬,原定凤怀县委组织部部长郑锐等奉命率津浦路西北撤干部100多人从苏北回到凤阳山,与孙传家、周衣冰等会合。

1948年1月,中共淮南工委指示,成立中共津浦路西工委,由孙传家任工委书记,周衣冰、郑锐、韩融等为委员。同时路西工委决定将4个工委改组为定凤怀、定合、定凤嘉3个县委,由郑锐兼任定凤怀县委书记、县总队政委,宋乃冰任县长;余健任定合县委书记兼县总队政委,张帜任县长;吴涛任定凤嘉县委副书记兼县总队政委,马骞任县长,刘兰茂任副县长。各县下属的区、乡党委、政府和区、乡游击队也同时组成。

原津浦路东东南支队司令艾明山率津浦路西干部大队百余人,从山东惠明地区出发返回淮南,于1948年1月到达凤阳山区,与孙传家部会合。之后,艾明山率干部大队到藕塘、广兴集、周家岗、李集一带活动,开辟和恢复津浦路西解放区。

1948年1月,定滁全大队在谢捷三率领下,到达凤阳山区。2月,谢捷三率定滁全大队回到滁县皇甫山区,在大柳、盈福寺一带活动。由于国民党滁县警备队进行"清剿",定滁全大队被迫撤回凤阳山区。

1948年2月,原淮南军区副司令梁从学率1个连武装、原皖江军区参谋长孙仲德率华东野战军第四纵队第十一师第三十三团从山东南下,进入津浦路西地区。原定远县委组织部部长陈振亚率30名北撤干部,跟随梁从学、孙仲德队伍返回津浦路西,到达滁县窝子李,在定滁边区打游击。

此时,全合工委(2月,由皖西地委决定成立,4月改属路西工委领导,书记王光前,副书记苏桦)进入全合地区活动。3月,谢捷三率定滁全大队20多人再次来到定滁边区,与陈振亚部会合。淮南区党委决定撤销定滁全工委,成立定滁全县委、县政府,陈振亚任县委副书记,姜汉三、谢捷三、闵汶、司运修、范治平为委员;姜汉三任县长,谢捷三为副县长。

路西工委还在靠近淮南煤矿附近建立了两个工委,由张剑鸣、李植平(曹飞)分任工委书记。与此同时,寿六合霍工委继续在淮西地区战斗。津浦路西地区几支坚持武装相互呼应,与国民党反动派展开斗争,配合华东主战场作战。

## 三、津浦路西地区反"清剿"斗争

1948年4月6日,第三十四旅在路东地区反"清剿"半个月后,旅部率第一○一、第一○二团转战到津浦路西。在池河,第三十四旅与梁从学、孙仲德率领的华东野战军第四纵队第三十三团会合。尾随第三十四旅的国民党军7个团也进到路西地区,并从

4月16日开始"清剿"。奉命挺进路西并留下参加恢复路西地区的淮南支队第二营和艾明山大队,立即配合主力投入了反"清剿"斗争。在路西4月反"清剿"斗争中,第三十四旅第一〇一、第一〇二团和第三十三团,迅速收复了池河、藕塘、大李集、占鸡岗等集镇,其中在占鸡岗消灭土顽牛登峰部1个中队的大部,摧毁了敌人的一部分基层政权。

由于调动敌人兵力,配合刘邓大军在大别山作战的目的已经达到,为避敌锋芒,保存有生力量,第三十四旅第一〇一团和旅部率第一〇二团,于4月中旬和4月底,先后转移到淮北地区。第三十三团转移到淮南铁路西,打回皖中地区坚持敌后斗争。

4月27日,杨效椿、艾明山在定合县朱家湾附近的大户刘村与路西支队会合。其时,淮支二营、路西支队和艾明山大队(后改为路西军分区侦通队)加上各县武装共1900余人。国民党"清剿"路西地区的7个团,随着第三十四旅和第三十三团离开路西也大部分撤走,但仍留下第四十六师第五六三团和皖保五团在路西地区。敌正规军加上其各县地方武装,仍有1.5万余人,兵力是路西解放军和游击队的8倍。敌人以定远、凤阳两县为中心,划分9个"清剿"区,采用合围、拉网、梳篦等战术,采取类似日寇烧光、杀光、抢光的政策,日夜"清剿",反复"扫荡"。

原津浦路西军分区政治部主任王善甫回忆:"1948年9月,我们缴获了国民党定远县政府和广西军第五六三团制订的清剿计划,计划的具体内容如下。

（一）清剿的目的：彻底肃清定（远）、凤（阳）两县'共匪'，重建地方行政机构，确保地方治安。

（二）清剿的方针：掩护各区、乡、保，建筑据点，扶助'民众武装'，搜剿境内'股匪'，监督各乡、镇、保、甲推行政令。如发现'匪'窜集于一地区，随时集中兵力包围歼灭之。

（三）清剿的兵力：有正规部队五六三团、安徽省保安五团；有各县的保安大队，区保安中队，乡、保公所的武力，还有'人民服务队'。

（四）清剿区域划分：

第一清剿区：以孙集、清洛涧、炉桥、靠山集、能仁寺为据点；

第二清剿区：以杜集、吴家圩、占鸡岗、高塘、张桥、柏林为据点；

第三清剿区：以藕塘镇、天长镇、大桥镇、池河、青岗、桑家涧为据点；

第四清剿区：以西卅店、东新（兴）集、宫集为据点；

第五清剿区：以曹家店为据点；

第六清剿区：以肖家巷为据点；

第七清剿区：以荒沛桥、陆桥、大李集、九梓集为据点；

第八清剿区：以永康镇、朱家湾、胜利为据点；

第九清剿区:以定远县城区为据点。

(五)清剿的具体活动:

(1)每日派部队四出扫荡,监督各区、乡、保人员还乡清查户口,严密保甲组织,举办联保(实行五家联保,一家为'匪'、通'匪',五家联坐,以群众控制群众),彻底肃清'匪'之骨干。

(2)如发现'匪'经常出没地区,应不分昼夜前往清剿或伏击、穷追歼灭之。如遇特殊'匪'情,应集结兵力,实行迂回包围歼灭之。'匪'军主力被扫荡后,其残部当逃集于远处,应集结或分数路纵队围剿歼灭之。

(3)每营组织便衣队,以便衣士兵配合区、乡队,经常活动于'匪'出没地带,搜索残'匪'而捕获之。

(4)组织情报组,以精干士兵任组长,乡、镇选出一名任副组长,每乡成立三个组。每保选两人,经常秘密派出活动。

(5)掩护交通线,用武装便衣经常活动,维护交通线,捕捉残'匪'。

(6)并村结寨,易为'匪'经常出没之村庄,均纵火焚毁之,其民移于他处,结成大寨,以增强对'匪'之抗力。并集中各村之粮食于较安全之村落。

(7)联络绅士协助剿围,并请各乡参议随同部队回乡工作,挽回人心。

敌人的计划可谓细致周到,用心极为狠毒。"①

人心向背,决定战争的成败。津浦路西地区军民,在中国共产党的领导下,紧紧依靠广大人民群众,上下一心,抱定"剩下一人一枪也要与敌人拼到底"的决心,采取灵活战术,狠狠打击敌人。

7月中旬,路西军分区副参谋长周衣冰率领一个连队和分区侦察排,在海清区区队配合下,在定城至炉桥中段的柳树行伏击敌第五六三团查文华(绰号查大胡子)第一营,毙伤敌10余人,缴获轻机枪1挺、冲锋枪2支、步枪4支。新四军在给敌沉重打击后,迅速撤出战斗。柳树行伏击战的胜利,让查大胡子"两个月扫平凤阳山"的狂言彻底破灭。7月28日,随着刘邓大军挺进大别山的节节胜利,敌主力第五六三团和皖保五团被迫撤走,其对路西地区的"清剿"以彻底失败告终。从4月16日到7月28日,国民党军队对路西地区的"清剿",长达3个多月,史称"百日清剿"。

在津浦路西百日反"清剿"中,各县都在原地坚持斗争。寿六合霍县总队于五、六月间,分别伏击敌第五六三团一个营和寿县县大队,歼敌100余人。路西军分区主力在杨效椿、孙传家率领下,跳出敌包围圈,到定合县边沿和定滁全县地区活动,拔掉了危害极大的安子集敌据点,歼敌乡长以下50余人。5月,全合工委改为全合县委,定滁全县委改为定滁县委。全合县武装在定滁县武装配合

---

① 王善甫:《路西军民百日反清剿》,见安徽文史资料全书编辑委员会:《安徽文史资料全书·滁州卷》,合肥:安徽人民出版社,2007年,第331页。

下,二打周家岗,消灭了周家岗敌乡公所近百人,基本恢复了原定滁全县区域。不久,杨效椿等率领分区主力两个营到寿东南地区活动,接连打掉了徐家庙、仇集、常岗和邓兴元圩子等土顽据点,共歼敌区、乡武装100多人。到7月底,整个路西地区基本上得到恢复。

为什么以凤阳山为中心的津浦路西解放区能坚持下来?50年后,坚持凤阳山斗争的组织者、领导者之一,原定凤怀县委书记、县总队政委郑锐是这样总结的:"为什么这块游击区我党我军在蒋介石的'鼻子下',在南北交通大动脉的津浦铁路旁边,在敌我力量悬殊特别大,在极端恶劣的环境中能够坚持下来,保存住有生力量,并不断壮大,以少胜多,取得最后胜利呢?

首先是党中央毛主席的英明领导,使我们坚持敌后斗争的各级干部和全体指战员树立了坚定正确的政治方向,明确掌握了机动灵活的战略战术和斗争策略,下定就地坚持的决心和充满胜利的信心。大家团结一致,依靠人民,一不怕苦,二不怕死,不屈不挠,排除万难,同敌人进行顽强斗争。因此我军越战越强,确保了这里党的红旗不倒。

其二,各路野战大军在各解放区成功地反击蒋军进攻,大量歼敌,特别是刘邓大军1947年夏千里跃进大别山,把解放战争推向反攻阶段,不仅大大鼓舞了游击区军民的斗志,提高必胜的信心,也迫使敌人无力进攻我们游击区。加之毗邻的路东、淮北、皖西、皖江游击区不断出击,国民党统治区反内战、反饥饿的群众运动蓬勃兴起,大家相互配合,因此斗争形势越来越好。

其三，从华中四分区和凤阳山区本身来说，留下和派回坚持游击战争的县委、工委和部队指战员，在路西中心县委、路西工委、路西地委领导下，都能根据当时当地的实际情况，灵活适当地运用军事、政治斗争策略，始终保持斗争的主动权。当敌人开始全面进攻时，我地区领导机关和主力部队适时转移，保存有生力量。在敌人重兵清剿，重建县、区、乡反动政权后，我留下坚持的同志分散游击，运用各种斗争策略，继续与敌周旋，保持这里的革命火种不断，使群众坚定我军能够打回来的信心。当刘邓大军挺进大别山后，根据形势发展的需要，我撤出的人员奉命陆续返回路西，和留下坚持的同志团结一致，利用反攻阶段的大好形势，进一步积极开展斗争。在斗争策略上坚持团结进步力量，争取中间力量，打击顽固反动分子的方针。在军事斗争方面，采取避广（敌主力部队）打土（区、乡土顽），避强打弱，出奇制胜，做到敌人剿我找不到，我打敌人他跑不掉。在'百日清剿'中，我军掌握住敌情，围绕凤阳山转，忽东忽西，忽南忽北，忽在山中，忽到山外，每晚行军数十里，数十次跳出敌人的包围圈，使敌人疲于奔命，摸不到我们的辫梢。……在政治斗争方面，敌人提出'以共制共'的反动口号，并采取特殊手段，强迫我党党员'自首'，妄图利用他们破坏我党组织和消灭我游击队。我们则针锋相对，提出'自首不变心，再干新四军'的斗争口号，争取多数被迫'自首'人员，集中打击个别危害我党、残害人民的叛徒，使敌人阴谋破灭。同时，在坚持中大力开展统战工作，将一些区、乡的国民党白色政权改变成灰色政

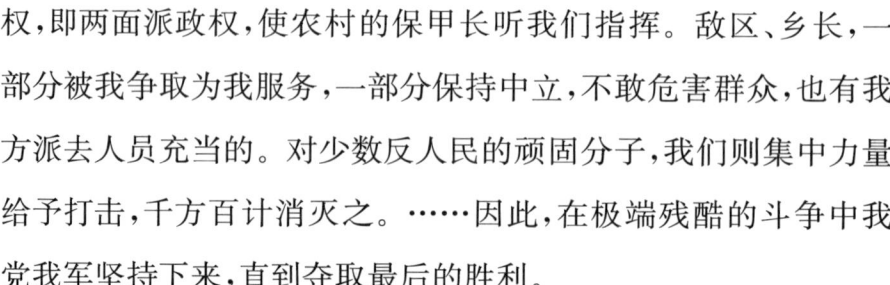

权,即两面派政权,使农村的保甲长听我们指挥。敌区、乡长,一部分被我争取为我服务,一部分保持中立,不敢危害群众,也有我方派去人员充当的。对少数反人民的顽固分子,我们则集中力量给予打击,千方百计消灭之。……因此,在极端残酷的斗争中我党我军坚持下来,直到夺取最后的胜利。

其四,人民是真正的英雄,只要依靠人民,军民一心,共同对敌,必能取得胜利。华中四分区和凤阳山地区是抗日根据地……党群、干群、军民关系十分密切,我党我军深受人民的信任、爱戴和拥护。所以,广大人民群众在抗战胜利后,反对蒋介石发动内战,拥护我党和平建国主张,积极支持我们进行反对蒋介石内战、独裁的斗争。即使在敌军重兵清剿、重建反动政权的严重情况下,他们仍然和我党我军站在一起,采取各种方式掩护我们、帮助我们。国民党规定报告制度,强迫各村各户报告我军行踪,他们应付敌人,不讲真情;土顽强迫他们去修碉堡,我军住在他们村上,他们不向敌人告密,还把据点修筑情况详细告诉我们,使我们对敌情了如指掌;他们千方百计保护我们的伤病员和军烈属,保存我们的军用物资。在敌'百日清剿'中我定二区委书记沈斌,在涧北陈村被'查营'包围,敌强迫村民辨认我方人员,该村陈大妈拼命保护沈斌,说他是自己的儿子在武店上学回家,后叛徒告密,她被上电刑,房屋被烧,至死不屈,被敌当场杀害。凤阳山中的方家花园农民方毓合将我游击队不便携带的重机枪,巧妙地保存在水稻田里,上面长着青青的稻棵,敌人'百日清剿'从未发现。蚌埠郊区农民万寿亭不顾安危，冒死为我军从蚌埠敌人军火库中购买大量子弹、炮弹、炸药等，使我军有比较充足的弹药打击敌人。在我党我军坚持华中四分区和凤阳山地区三年游击战争中，人民尽最大努力供应我们粮草，部队活动到哪里都不愁没饭吃，甚至蚌埠、凤阳等城市的外围和铁路两侧的村庄都分户保存公粮，我军随到随用。特别是人民群众勇敢参军参战，使我游击队不断发展壮大。总之，正义的人民战争必胜。蒋介石倒行逆施，发动内战，不得人心，失民心者必败。

其五，政治路线确定之后，干部就是决定性的因素。我们华中四分区（即原路西地区）和各县都有一个政治坚定，团结紧密，联系群众，勇于负责，身先士卒，英勇善战的坚强领导班子。特别是孙传家、周衣冰在1946年敌人向我路西地区全面进攻，蒋介石直接下令限期剿灭我军，我军主力全部撤出，我党政组织遭受极大破坏，人民遭受沉重打击，在一片白色恐怖、极端艰险情况下，他们带领精干武装和余健等少数干部，顶住敌人的强大压力，冲破敌人的重兵围剿，战胜各种困难，坚持下来，立住脚跟，保持这里的革命火种不灭，党的红旗不倒，发挥了中流砥柱和核心领导的特殊作用。还有长期就地坚持的赵凯、王光前，他们对寿六合霍和全合两县的坚持也发挥了重要的领导作用。1948年春，恢复路西地委后，杨效椿负责领导全地区工作，他以身作则，团结同志，联系群众，艰苦奋斗，深受军民爱戴。在路西中心县委、工委和地委领导下，还有一支坚决执行命令，特别能战斗的队伍……

他们英勇战斗,不断粉碎敌军主力清剿,打击消灭土顽。在坚持斗争中,路士敏、施修石、丁维煌、门从周、王平等英勇牺牲,在赵家圩、老鹰董、藕塘、刘府、柳树行、凌家湖等地战斗中,也有一些同志光荣牺牲。……这些革命先烈和坚持敌后游击战的指战员们,为坚持华中四分区和凤阳山地区斗争,为人民解放事业,做出了重大贡献,人民将永远怀念他们。"①

---

① 郑锐:《坚持凤阳山游击区三年解放战争》,见郑锐:《征程回眸》,北京:人民出版社,2005年,第21—25页。

# 第八章

# 迎接全国解放

## 一、津浦路西地委的成立和路西解放区的巩固和扩大

经过激烈的反"清剿"斗争,特别是取得粉碎国民党军队"百日清剿"的胜利,中国人民解放军地方武装在淮南地区站稳了脚跟。

为了加强党的集中统一领导,巩固和扩大解放区,1948年4月27日,淮南区党委决定,成立津浦路西地委、津浦路西专署和津浦路西军分区,由杨效椿任地委书记兼军分区政委,罗平任专员,艾明山任军分区司令(5月初,艾明山调津浦路东工作),孙传家任军分区副司令,赵凯任参谋长,陈德三、周衣冰任副参谋长,王善甫任政治部主任。津浦路西专署下辖定凤怀、定合、定凤嘉、

▲ 中共津浦路西地委书记杨效椿

定滁、全合、寿六舒合（1948年2月，寿六合霍县改为寿六舒合县）等县。此时，路西地区各县党委、政府领导班子配备得到加强。郑锐任定凤怀县委书记，周衣冰任副书记，宋乃冰任县长；余健任定合县委书记，张帜任县长；吴涛任定凤嘉县委副书记，马骞任县长；王光前任全合县委书记、县长，苏桦任副县长；陈振亚任定滁县委副书记，姜汉三任县长；赵凯任寿六舒合县委书记，董完白任副县长。

这时，定凤怀县委、县政府下辖凤一、凤二、怀二、立斌、定二5

个区;定合县委、县政府下辖定六、定八(杜集)、定十、海清、炉桥5个区;定凤嘉县委、县政府下辖凤四、鹿塘、三和、池河4个区;全合县委、县政府下辖孤山、古城、大山、王子城4个区。到1948年6月,津浦路西解放区恢复到抗战时期根据地的规模。

5月底至6月初,中共中央华东局和华东军区从华东地区解放战争全局考虑,重组江淮地区党政机构,调整人民武装编制序列,决定合并淮南、淮北军区,成立江淮军区,由陈庆先任江淮军区司令,曹荻秋任政委,饶子健、梁从学任副司令,杨光池任副政委兼政治部主任,赵汇川任参谋长。江淮军区下辖第三十四旅、独立旅和4个军分区。淮南津浦路东军分区改称为江淮第一军分区,津浦路西军分区改称为江淮第四军分区。一、四分区领导成员暂不做调整。合并淮南、淮北两区党委,成立江淮区党委,由曹荻秋任书记,李世农任副书记,陈庆先、饶子健、梁从学、杨光池、赵汇川为委员。江淮区包括运河以西、大别山以东、陇海路以南、长江以北广大地区。淮南津浦路东地委改称江淮第一地委,津浦路西地委改称江淮第四地委,两地委领导成员亦不做调整。

津浦路东、路西地委的成立,以及改称江淮第一、第四地委,标志着淮南解放区的基本恢复。自此,津浦路西解放区的斗争转入巩固与扩大解放区、夺取最后胜利的新阶段。

1948年7月以后,全国解放战争进入战略决战阶段,人民解放军在正面战场取得了一个又一个胜利。津浦路西对敌斗争形势进一步好转。

▲ 凌家湖烈士纪念碑

1948年8月,江淮第四军分区部队攻克刘府、能仁寺、叹儿湾敌据点,孙集、靠山集、西卅店、吴家圩、朱家湾、杜集等敌据点,土顽闻风而逃,路西局面进一步打开。

1948年9月15日晚,遵照华野和江淮军区的命令,为配合济南战役,江淮四分区部队在津浦铁路小溪河至板桥段,破坏铁路一段,炸毁火车头一个,俘敌30余名,中断敌人交通运输一天。16日晚,在蚌埠至临淮关段,炸毁铁路一段,炸死、炸伤敌军200余人。同日晚,在淮南铁路袭击刘府火车站,攻入刘府镇,俘敌刘府联防中队33人。破袭蚌埠至临淮关铁路和刘府火车站,使津浦铁路和淮南铁路数日未能通车,断敌北援。

10月9日晚,定凤怀县总队怀二区区队在永康凌家湖宿营。因走漏消息,10日上午,国民党定远县联防大队和铁路交警大队500多人包围了凌家湖。怀二区区队60余人奋起反击,重创敌军。该日晚,怀二区区队突出重围。此次战斗,怀二区区队损失惨重,伤亡过半,区委书记、区队教导员王平(宋长月)壮烈牺牲。

10月上旬,华野渡江先遣纵队在政委谭启龙率领下,渡淮成功,到达江淮四分区,在曹家店与杨效椿、孙传家部会合。因长江守敌警戒严密,先遣纵队暂时不能实现偷渡,其一、四支队留在津浦路西待命,并配合江淮四分区部队,开展游击战争,巩固、扩大解放区。10月20日、21日,华野先纵一支队袭击土顽张桥据点。随后,先纵一、四支队将随其行动的干部大队干部分配到路西各县帮助工作。

10月下旬,国民党安子集、永宁和大桥3个乡公所及乡中队武装,由于怕解放军袭击,集中住宿在安子集老鳖滩的地堡工事里,定滁县总队获得情报后,在军分区一个连武装支援下,乘夜奔袭老鳖滩,全歼守敌140余人,3个乡乡长、乡中队长无一漏网。老鳖滩一战,彻底铲除了国民党在这一地区的社会基础,定远东南部和滁县中、西部完全被我军控制。

为支援淮海战役,江淮四分区部队奉命于11月7日晚,破坏津浦铁路小溪河至石门山以及管店到嘉山县城段,炸断铁轨10

根,中断敌交通运输12个小时。12日晚,又在小溪河至石门山段,破坏铁路2公里,炸桥1座,推倒电线杆2.5公里。17日晚和23日晚,江淮四分区部队又奉命在蚌埠以南破坏津浦铁路,炸毁木桥3座,推倒电线杆数里,收皮线和铁丝200余公斤。11月下旬,寿六舒合县发动淮南铁路沿线人民群众,破坏下塘集至水家湖铁路一段,迟滞了敌军交通运输。

11月21日至23日,江淮四分区部队攻克嘉山县的三和集据点和凤阳叹儿湾据点,毙敌13名,俘敌81人,缴长短枪75支。26日,驻滁城的敌第六十六军第十三师3个团,向华野先遣纵队第一、第四支队驻地藕塘地区进攻。第一、第四支队在江淮四分区部队的支援下,在藕塘以东的突子山奋力反击,经一天激战,将敌军击退。突子山战斗,共毙伤敌200余人,俘敌50人。

12月3日,江淮四分区部队接受凤阳县红心铺敌乡公所投降,受降乡长以下34人,缴轻机枪2挺,长短枪33支。

随着淮海战役的胜利,津浦路西地区对敌斗争不断取得胜利,形势进一步好转,解放区得到了巩固。

至12月底,江淮第四军分区所属武装(包括分区主力和县、区、乡武装)由年初的1923人发展到4615人,作战166次,摧毁敌据点33处,俘敌1120人,毙伤敌529人,缴获轻机枪20挺,长短枪1242支,各种子弹34159发,手榴弹196枚,毁敌桥梁5座,火车头2个。

## 二、支援淮海战役和渡江战役

1948年11月6日,淮海战役打响。11月5日,江淮区党委发出《关于加强支前工作的指示》,要求一切为了前线,一切为了战争的胜利。11月12日,江淮区党委、江淮军区发出支援前线紧急总动员令,号召江淮地区全体党、政、军、民立即全面行动起来,支援前线,为争取淮海战役的胜利和解放全江淮而努力。不久,江淮四分区成立后勤司令部,罗平任司令,杨效椿任政委。津浦路西各县亦成立后勤司令部,由县长任司令,县委书记任政委。党、政领导亲自主持的支前工作紧张而有秩序地全面展开。定远、凤阳、定合等县较好地完成了上级下达的组织担架队和征借粮草任务。

1949年1月10日,淮海战役胜利结束,人民解放军随即南下准备渡江战役。华东野战军数十万军队经过凤阳、定远、定合等县奔赴长江北岸。江淮四地委响应总前委和江淮区党委号召,紧急动员路西地区党、政、军、民,全力支援前线。3月中旬,江淮四分区后勤司令部改为支前司令部,罗平任司令,杨效椿任政委。各县成立支前指挥部,县长任主任,县委书记任政委。区设立支前委员会,乡成立生产支前委员会,村成立支前小组。

定远地区除南下过往部队外,还有大量部队临时驻扎。为了支援渡江作战,定远、定合等县的人民群众在党的领导下,勇敢地担负光荣而艰巨的支前任务,他们节衣缩食、竭尽全力筹集军粮,日夜转运军用物资。定远、定合县在主要道路沿线设立粮草站、茶水站和民工站,负责接待南下部队的食宿和短途运输。随时帮助部队解决各种困难,把方便让给部队,把困难留给地方,万众一心支援人民解放军渡江作战,打过长江去,解放全中国。

蚌埠至合肥公路因年久失修,破烂不堪,加上阴雨连绵,路面坑坑洼洼,严重影响部队前行。县与县之间公路也因多年战乱,无法保证车辆通行。江淮四地委抽调万名常备民工抢修主干道,经过10余天的艰苦奋战,除修复了蚌合公路和津浦、淮南铁路沿线公路外,还修复、新筑了定远至滁县、定远至凤阳、定远至合肥等主干公路200余公里,新建和修复桥梁100余座。

定滁县组织一个担架团,有担架216副,每副5人,随军支前到浦口一带。县总队长蔡家璋指挥民工修复了滁定公路以及沿线的珠龙桥等桥梁。

渡江战役期间,定远地区共完成征粮任务3600多万斤,组织常短备担架7000余副,出动民工3.5万人。支援军鞋5000多双,其中定合县赶做军鞋2900余双。渡江战役胜利后,凤阳、全椒两县民工组成的远征担架团,随军支前行程2000多公里,运送伤病员281人,各种物资21.3万公斤。这个远征担架团有429人立功受奖,131人入党,104人被提拔为干部。

津浦路西人民全力支前,为人民解放军取得淮海战役、渡江战役的伟大胜利,迎接全中国的解放做出了贡献。

## 三、津浦路西全境解放和中共滁县地委成立

1948年12月7日,江淮军区第三十四旅、独立旅强渡淮河成功,进入淮南地区作战,淮南解放区的坚持斗争进入最后胜利阶段。

淮海战役胜利后,淮南地区国民党军队仓皇南逃,向长江沿线撤退,人民解放军迅速南下,以摧枯拉朽之势横扫江淮大地。

1949年1月16日,凤阳县城解放。18日,定远县城解放,中共定滁县委、县政府迁入定城。24日,滁县县城解放。25日,全椒县城解放,中共全合县委接管县城。至此,津浦路西广大地区全部解放。

关于定远县城解放经过,时任定滁县委副书记陈振亚是这样描述的:"1948年11月6日至翌年1月10日淮海战役的全胜,使敌人闻风丧胆。定滁县委、县政府干部一二百人及县大队长李伯祥(又名朱汇生)所率的100多人枪,按江淮四地委的指示,于1949年1月17日迅速逼近定远城东门外三里桥,将定远城包围起来。当时我们分析,国民党第二十五师6个团、第四十六师第五六三团、皖保安团已经撤离定远,定滁县委、县政府已先后建立

起藕塘、天长集（定四）、大桥、皇甫、花山等5个区一级机构，对国民党定远县军政人员构成了严重威胁。……顽联防中队长吴绍熊（绰号吴大个子，1958年判处死刑，最后病死在狱中）是大户吴家人，和我有亲戚关系，我曾找人带信给他，叫他等待时机里应外合，打击敌人，在关键时刻也许能有所觉悟，起点作用，至少不敢公开和我对垒。在判断了敌情之后，我们干部队和县大队分成三五人一组，重点把住东门和西门，从四面放枪射击碉堡。我当时住在三里桥顽保长吴杰三家……为了发动宣传攻势，我写了《敦促国民党定远县长投降书》，派吴杰三送进城，直接交给顽县长朱翼龙。信的内容大意是……我军已兵临城下，定远势在必克，起义投诚才是出路，放下屠刀立地成佛，何去何从，任从选择。朱翼龙只打了个收条交吴杰三带回来，表示'信已收到'，但未置可否。这说明了他内心是恐慌的。于是，我和姜汉三、谢振三又命县大队李伯祥调整部署，于入夜时分声东击西，袭扰敌人。枪声划破夜空，可是驻城的敌人处于一片寂静状态。之后，敌人乘夜在东城墙上多处点火，以示其仍在城内坚守。接着，国民党定远县军政人员由城西北角我军把守的空隙处越过城墙由西窑湾处逃跑（这是后来听说的），城空时我们并不知道，后由住在城里群众出城送信，才知道敌人已全部弃城逃走。次日8时，定滁县委、县政府干部及县大队荷枪实弹进入定城，受到了举城父老乡亲的热烈欢迎。……江淮四地委、四专署及所率的一个营兵力也进入了县城。当即宣布成立了定远县警备司令部和军事管制委员会，由军分区副政委刘健挺任主任,我任副主任,地委书记杨效椿兼军管会政委,对定远实行军管。"①

1月下旬,以瓦埠湖为界,湖西成立寿县,属皖西三分区领导,湖东成立寿合县,由董吉贤任县委书记,杨刚任县委副书记兼组织部部长,董完北任县长,属江淮四分区领导。

1月底,江淮四地委决定撤销定滁县,成立中共定远县委、县政府,由陈振亚任县委书记,谢捷三任县长(3月,马骞接任)。2月初,江淮四地委决定撤销定凤怀、定凤嘉县,恢复凤阳县,由郑锐任县委书记(3月,黄驭接任),宋乃冰任县长。2月上旬,江淮四地委决定,成立新的定滁县,下辖藕塘、大柳等区,由花锦城任县委书记,陈莼为县长,蔡家璋为县总队长。县政府驻施集。

1949年4月,安徽北部地区成立了皖北区党委、皖北行署、皖北军区。曾希圣任皖北区党委书记,黄岩、李世农任副书记;宋日昌任皖北行署主任,郑抱真、李云鹤任副主任;曾希圣任皖北军区司令员兼政委,梁从学任第一副司令员,孙仲德任第二副司令员兼参谋长,黄岩任副政委,李世焱任政治部主任。

皖北行政区成立后,江淮一地委、一专署、一分区改为皖北一地委、一专署、一分区;江淮四地委、四专署、四分区改为皖北定远地委、定远专署、定远分区。

6月下旬,皖北区党委、皖北行署决定,皖北一地委、定远地委

---

① 陈振亚:《定远解放始末》,见安徽文史资料全书编辑委员会:《安徽文史资料全书·滁州卷》,合肥:安徽人民出版社,2007年,第334—335页。

▲ 1949年初,孙传家与郑锐等在凤阳合影

及五地委一部分合并组建成中共滁县地委,隶属区党委领导。陈雨田任中共滁县地委书记。滁县地委下辖滁县、来安、全椒、天长、定远、凤阳、嘉山、盱眙、江浦等9个县委,地委机关驻滁县县城。寿合县与寿县合并,划归六安地委、六安专署领导。皖北第一行政区专员公署、定远专署及第五行政区专员公署一部,合并成立滁县行政区专员公署。罗平任滁县专署专员。滁县专署下辖相应的9个县政府,专署机关亦驻滁城。同时成立滁县军分区,艾明山任军分区司令,陈雨田兼任政委,孙传家、夏群任副司令,魏然任副政委。滁县行政区共下辖9个县,68个区,180万人口。

6月下旬,滁县地委决定撤销定滁县,重组滁县县委、县政府。

藕塘区和石门、岱山两个乡回归定远县建制。此时,定远县共辖老人仓、大桥、池河、三和、张桥、定城、海清、炉桥、站岗、藕塘等10个区。

以1949年1月18日定远县城解放为标志,灾难深重的定远人民翻身解放,获得新生。定远县委、县政府领导全县人民积极开展城市接管、剿匪反特、恢复生产、重建家园等工作,巩固新生的人民政权。

1949年10月1日,中华人民共和国成立。从此,中国历史进入了人民当家做主的新时代,定远人民在中国共产党领导下开始谱写社会主义革命和建设的新篇章。

## 结　语

新民主主义革命时期，党领导定远地区人民与反动军阀、日本侵略者和国民党反动派进行了艰苦卓绝的斗争，为中华人民共和国成立做出了重要贡献。

（一）土地革命战争时期勇立潮头，举行武装暴动

1931年8月，定远吴圩农民暴动虽然因敌强我弱、时机不成熟、革命队伍内部不纯、叛徒出卖等因素失败，但它是共产党人领导人民群众，用革命手段反抗国民党反动统治的一次勇敢的尝试；它也是全国各地特别是皖、苏两省一系列武装暴动的重要组成部分。它显示了定远中共组织的力量，唤醒了劳苦大众，狠杀了反动地主的威风，为此后定远人民的革命斗争播下了火种。

（二）抗日战争时期创建最早的县级抗日民主政权，在华中起示范和样板作用

1940年3月17日，在刘少奇领导下，成立定远县抗日民主政府。8月1日，成立了津浦路西联防办事处（后改为专员公署），以定远为中心的津浦路西抗日根据地正式形成。津浦路西根据地

是淮南抗日根据地的重要组成部分。在党的领导下,津浦路西地区建立了各级抗日民主政府和人民团体,建立了民意和立法机关,制定了《施政方针》,颁布了《保障人权财权条例》《三七分租与改善佃东关系暂行条例》《借贷付息暂行办法》《乡选暂行条例》等一系列"单行法规",政权形式完备,在华中起了示范和样板作用。

津浦路西抗日根据地是华中地区重要的政治、军事机关所在地。中共中央中原局机关从1939年12月至1940年4月,先后驻定远、滁县。新四军江北指挥部从1939年10月到1940年4月,也驻在定远县。老一辈无产阶级革命家刘少奇、张云逸、邓子恢、徐海东、罗炳辉、谭震林、郑位三、方毅、张劲夫等先后战斗和生活在这里,他们的足迹踏遍了定远的山山水水。

津浦路西抗日根据地是华中抗日根据地的西大门。刘少奇、陈毅曾指出,"必须以最大之决心,坚持路西阵地,保障路东。否则皖东一失,华中面目皆非,我军即无路可走"。为此,津浦路西地区军民积极开展了反"扫荡"斗争,先后夺取周家岗战斗、1940年5月反"扫荡"和1944年11月粉碎日、伪军7路大"扫荡"的胜利。倾其全力投入津浦路西地区的防御作战,与国民党顽固派军队鏖战6年之久,夺取了界牌集、大桥、占鸡岗、黄疃庙等重要战斗的胜利,使路西屏障巍然屹立于江淮大地。

津浦路西地区军民为夺取全国抗日战争的胜利做出了重大贡献。定远人民抗日斗争史是中国抗日战争史的重要组成部分。

（三）解放战争时期做出重大牺牲，为解放全中国做出应有贡献

1. 顾全大局，听党指挥。1946年5月中旬，国民党军队9个团分7路进攻路西解放区。5月19日，淮南军区第六旅主力部队和地委、专署机关转移到津浦路东。7月29日，中共中央华中分局、华中军区决定第二师和淮南军区主力实行战略转移，地方党政军机关随主力部队行动，北撤到江苏淮阴、宝应地区待命。一声令下，津浦路西地区军民坚决贯彻执行党中央、华中分局的战略决策，实行战略转移，各级党政军机关服从命令，听从指挥，离开解放区、离开家园，随主力部队北撤。不久，建制被撤销，人员被分散安置。津浦路西解放区损失巨大，6个县近万平方公里土地沦入国民党军队手中。成百上千的党政军机关干部和数千名地方武装指战员虽身处异地，但仍然相信党，相信人民军队，对胜利充满信心，随时准备打回老家去，恢复解放区。

2. 英勇顽强，不怕牺牲。华中野战军第二师主力部队实行战略转移后，无数留下来坚持斗争的共产党员和革命群众被国民党反动派逮捕和杀害。英勇的津浦路西人民没有被凶残的敌人吓倒，一个人倒下去，千万个人站起来。中共津浦路西工委和路西支队坚持敌后斗争，革命的红旗始终飘扬在凤阳山上。这期间的坚持和斗争异常艰苦惨烈，路西军民面对的是数倍乃至十倍于己的国民党军队的反复"清剿"和进攻，他们敢于斗争、敢于胜利，取得了53天反"清剿"斗争和百日反"清剿"斗争的胜利。津浦路西地方武装在战斗中不断发展壮大,解放区的党组织和人民政权得到了逐步恢复和巩固。

3. 积极策应刘邓大军在大别山区作战。1948年2月下旬,华东野战军第十二纵队第三十四旅孤军深入,重返淮南,到达津浦路东。4月6日,第三十四旅转战到津浦路西地区。在津浦路西、路东军民的大力支持下,第三十四旅在淮南地区战斗了两个多月时间,迫使国民党军队出动16个团的兵力进行"围剿",从而减轻了刘邓大军的压力,达到了牵制敌人、配合刘邓大军在大别山区作战的目的。这支部队原为新四军第二师第六旅,是抗日战争时期在津浦路西地区诞生的,与定远人民有着血肉联系的人民子弟兵。

4. 倾其所有支援淮海战役和渡江战役。1948年11月,淮海战役打响。除在军事上配合作战外,津浦路东、路西地区党、政、军、民响应江淮区委"一切为了前线,一切为了胜利"的号召,全面行动起来,支援前线。江淮一、四分区和各县都成立了后勤司令部,党、政主要领导分任司令、政委领导支前工作。

淮海战役胜利后,江淮一、四地委响应党中央、毛主席"打过长江去,解放全中国"的号召,分别成立支前司令部,由专员任司令,书记任政委。县、区、乡也都成立了军事性质的支前组织。渡江作战期间,津浦路西地区共征借粮食1800万公斤、组织担架7000余副支援前线。

津浦路西英雄儿女为夺取淮海战役、渡江战役的胜利做出了应有的贡献。

（四）中华人民共和国成立后全力推进社会主义革命、建设和改革开放

中华人民共和国成立后，定远人民在党的领导下积极开展剿匪反霸、土地改革、"三反五反"、抗美援朝，巩固新生的人民政权。贯彻执行党在过渡时期总路线，进行"一化三改造"，开展农业合作化和人民公社化运动，积极探索社会主义建设道路。实施国民经济和社会发展"五年计划"，调整国民经济，基本建立了现代工业、农业体系。在改革开放新时期，党对农村的各项政策在定远县得到了贯彻落实。定远人民解放思想，实行农业大包干，推行家庭联产承包责任制，实施农村税费改革和粮食补贴改革，取消农业税等。40年来，定远县经济发展和各项社会事业取得了较好成绩。

定远县是皖东农业第一大县，常年粮食产量11亿斤以上，生猪养殖近200万头、出栏150万头，是全国商品粮生产基地县、全省畜牧生产10强县。

进入21世纪，定远工业实现跨越式发展。2005年4月，定远煤化—盐化一体化工程正式立项，项目建设总投资160亿元，被列入安徽省"863"一号工程。2011年3月，定远盐化工业园被批准为省级盐化工业园区。定远县"工业强县"战略正在稳步推进。

党的十八大以来，定远县人民深入学习贯彻习近平新时代中国特色社会主义思想，统筹推进"五位一体"总体布局和协调推进

"四个全面"战略布局,稳增长、调结构、惠民生、防风险,经济发展稳中向好,各项社会事业全面进步。2017年,定远县实现地区生产总值185.5亿元,增长9.2%;财政收入20亿元,增长11%;完成固定资产投资222亿元,增长11.7%;社会消费品零售总额65亿元,增长13%;城镇居民人均可支配收入25700元,增长10%;农村居民人均可支配收入11330元,增长10%。当前,定远县人民正在坚持新发展理念,努力打好乡村振兴、脱贫攻坚、生态保护三大战役,在全面建设小康社会的道路上阔步前进。

忘记过去就意味着背叛。在建立中华人民共和国过程中,2000多名定远儿女献出了宝贵的生命。数以千计的无名烈士长眠在定远大地上。98万定远人民永远不会忘记革命先辈为了民族独立和人民解放事业进行革命斗争的历史,不会忘记共产党人在定远这块热土上不怕牺牲、前仆后继、浴血奋战的历史。他们将传承红色基因,发扬革命传统,在定远县委、县政府领导下,高举中国特色社会主义旗帜,以习近平新时代中国特色社会主义思想为指导,不忘初心,牢记使命,锐意进取,埋头苦干,为全面建成小康社会,实现中华民族伟大复兴的中国梦而继续奋斗。

我们相信,定远的明天会更加美好!

# 大事记

## 1927年

8月7日　中共中央在湖北汉口召开紧急会议(即八七会议)。会议确立了实行土地革命和武装起义方针。

11月23日　中共中央致函中共安徽省临委,决定将安徽省境内沿津浦线一带及皖东北各县党组织划归中共江苏省委领导。

## 1928年

春　定远青山乡青年臧德新在凤阳县琉璃岗结识了中共党员方在瑄。不久,方在瑄发展臧德新加入中国共产党。臧德新回到家乡臧陈一带,发展王庆春、张汉民、臧家斌等入党。

春　共青团南京市委学部委员、金陵大学学生李模中回到家乡界牌集,与滁县共青团员裴海萍等在界牌集成立团支部,李模中任支部书记。

夏　中共臧陈支部成立,王庆春任支部书记。

年底　定西地区靠山集、能仁寺、凉亭、西卅店、河北魏和永康等建立了党支部。

## 1929 年

**2月** 中共凤阳县临委候补委员、共产党员秦子扬从凤阳来到定远吴圩,宣传马列主义,从事革命活动。

**3月** 秦子扬介绍吴圩小学校长吴云汉加入党组织。

**春** 经中共凤阳县委批准,中共定西特区委成立。特区委由丁焕成任书记,王庆春、李学斌为委员。

**夏** 吴圩党小组成立,秦子扬任组长。朱阶平加入党组织。

## 1930 年

**1月** 秦子扬身份暴露,撤离吴圩回凤阳。吴云汉接任吴圩党小组组长。

**3月** 中共寺门口党支部成立,朱阶平任书记,吴云汉、杨守柱为委员。

**春** 凤阳县委决定改组定西特区委,由王锦华任区委书记,张汉民任组织委员,丁焕成任宣传委员,臧德新负责交通联络工作。

**夏** 定西地区遭受特大水灾,夏粮严重歉收,很多农民缺粮断饮。定西特区委组织灾民进行借粮抗债抗租斗争。

**夏** 共产党员戴国兴来到吴圩。他通过同学朱家涟(又名朱天民)与吴圩中共组织接上关系,以教书为掩护,秘密开展建党工作。

**夏** 中共徐海蚌特委指示定西特区委组织工农红军进行暴动,配合红四方面军攻打正阳关,策应吴圩地区农民暴动。特区委成立了暴动指挥部,由张汉民任总指挥,臧德新、王庆春为副总指挥。后因与寿县正阳关红军和吴圩地区党组织未联系上,暴动取消。

夏秋　山人刘、早香庙党支部相继成立。

10月　中共江南省委决定成立中共长淮特委,凤阳、定远等县党的工作受长淮特委领导。

## 1931年

3月　中共吴圩区委成立,直属长淮特委领导,朱阶平任区委书记,委员为杨守柱、朱家涟。下辖山人刘、寺门口、早香庙、卜店、九梓、高塘和定城等支部。

8月　中共长淮特委决定成立中共定远县委,由朱阶平任县委书记,杨守柱、朱家涟、朱长松、戴国兴、刘春山为县委委员。

8月20日至26日　定远县委组织领导吴圩农民暴动。县委决定成立红军司令部,由戴国兴任政委兼总指挥,刘春山任副总指挥,同时成立长淮特委游击大队,刘春山兼任大队长。直接参加暴动的党团员、赤卫队员和农会会员近千人。暴动因敌强我弱最终失败,但它是定远共产党组织领导人民群众,用革命的手段反抗国民党反动统治的一次勇敢的尝试,为定远人民革命斗争播下了火种。

9月　长淮特委派凤阳县委书记陈新然(张曙光)到定远吴圩地区恢复发展党组织。

冬　中共定西特区委再次改组,由张汉民任区委书记,臧德新任组织委员,王庆春任宣传委员。

## 1932年

春 陈新然在定合边界的鄂陈家、造甲店发展党员,成立贫农协会。

夏 陈新然到定城恢复成立党团混合支部。

夏 长淮特委介绍汤锦富(刘峰)来吴圩工作。此时,在定合交界地区已恢复吴圩、九梓、永康、杜集、卜店、长里徐等党支部。其时,吴圩地区党员近百人,其中新发展50余人。

秋 长淮特委宣传委员武飞(许少声)到吴圩通报长淮特委军事委员刘小平叛变和特委遭破坏情况。陈新然等被迫撤离定远。

## 1933年

春 长淮特委特派员翟长林(团员)叛变后,带领国民党警察到定西捕捉中共地下党团员,区委主要负责人被捕,部分党员被迫自首,党组织遭彻底破坏。

## 1934年

5月 叛徒蔡炳鑫带领国民党警察逮捕定城张居正、陈振亚、胡玉群等15名党团员,至此定远党团组织遭彻底破坏,停止活动。

## 1937年

7月7日 日本帝国主义制造卢沟桥事变,全国抗日战争开始。

12月 日军轰炸定远城。

## 1938年

2月2日　日军占领定远城。

2月　鄂豫皖边区红二十八军和鄂豫边区(桐柏山)红军游击队改编为新四军第四支队。

8月　中共皖东工委成立,刘顺元任书记,李世农为组织部部长,喻屏为宣传部部长,谭光廷为民运部部长。

秋　共产党员李教清带领省动委会委托第四工作团(后改为委托第七工作团)到定远西南一带开展抗日救亡活动。

冬　国民党安徽省政府设立皖北行政公署,驻定远县,颜仁毅为主任兼第十二游击纵队司令。

12月　定远县成立县民众动员委员会,戴九峰任主任委员,方晓东任指导员。

## 1939年

1月　省动委会委托第七团改为直属第六工作团,李教清任团长,进驻定远县城,开展抗日救亡宣传工作。2月,第六工作团开赴凤阳县开展活动。

4月24日　中共中央发出《关于建立皖东抗日根据地的指示》。

4月　新四军第四支队第八团开赴定远藕塘地区,挺进团开赴定远、凤阳交界地区,开展抗日活动。

同月　中共定(远)凤(阳)县委成立,程明远任书记,李教清任宣传部部长,曹世嘉任组织部部长。

4月下旬　中共中央中原局决定撤销皖东工委,成立中共苏皖省委,由刘顺元任省委书记,李世农、喻屏、谭光廷、郭述申、方毅等为委员。

5月中旬　新四军江北指挥部在庐江县东汤池成立。

6月下旬　新四军江北指挥部整编所属部队,将第四支队扩编为第四、第五支队和江北游击纵队。第四支队,由徐海东任司令,戴季英任政委,林维先任副司令。以第四支队第八团为基础扩编成立第五支队,由罗炳辉任司令,郭述申任政委,周骏鸣任副司令。江北游击纵队,由孙仲德任司令,黄岩任政委。

7月1日　新四军第五支队在定远安子集成立。

9月　经过两个多月的连续作战和发动群众,第四支队开辟了以藕塘为中心的津浦路西游击根据地。

同月　苏皖省委决定,成立中共定凤工委,由孟平(女,原名唐觉民)任书记,鲍刚、曹世嘉为委员。

10月　新四军江北指挥部在张云逸率领下,来到津浦路西定远大桥一带。

同月　苏皖省委在定远东南得胜集、安子集、藕塘、老人仓等十多个乡镇建立了党的组织。

11月　苏皖省委决定,成立定(远)凤(阳)中心县委,由石光任书记。中心县委在定远与凤阳的结合部领导广大人民群众开展抗日救亡斗争。

12月初　中共中央中原局书记刘少奇率中原局机关到达新四军江北指挥部驻地定远藕塘附近山黄家。

12月　经苏皖省委批准,中共藕塘中心区县委成立,彭康任县委书记,孙湘、王榕、樊西曼、杨寒等为委员。

同月　刘少奇在定远、滁县交界处瓦屋薛主持召开中原局会议,传达学习贯彻党的六届六中全会精神和巩固华北、发展华中的战略方针,讨论发展华中的战略部署和江北新四军发展方向,确定了放手发动群众、发展人民武装、建立抗日根据地的基本方针。

**1940年**

1月　刘少奇在定远县藕塘附近山黄家再次主持召开中原局会议,明确在华中首先在皖东建立抗日根据地的方针和任务。

同月　中共中央中原局决定,撤销苏皖省委,以津浦铁路为界,分别成立中共皖东津浦路西省委和中共皖东津浦路东省委,刘顺元任津浦路西省委书记,彭康、喻屏、谭光廷为委员;张劲夫(后方毅)任津浦路东省委书记,李世农为委员。

2月下旬　刘少奇在定远县大桥附近的湾杨村第三次主持召开中原局会议,研究确定了反"摩擦"斗争策略。

3月4日　国民党顽固派李品仙部(简称桂顽)第一三八师等越过淮南铁路进攻驻合肥青龙厂的新四军第四支队和驻定远东南大桥附近的新四军江北指挥部,我军各部奋起反击,津浦路西自卫反击战打响。

3月11日　新四军第四支队第十四团攻克定远县城,全歼定远县常备队,顽县长吴子常逃跑。

3月17日　定远县抗日民主政府成立,魏文伯任县长。同时,中共定远县委成立,石光任书记。

同日　津浦路西自卫反击战胜利结束,是役共歼顽正规军和土顽武装2500余人。

4月15日　定远县政府召开第一次县政会议,津浦路西省委负责人彭康到会讲话,定远县抗日民主政府县长魏文伯致开幕词。

4月中旬　定远、滁县、凤阳三县联防办事处成立,魏文伯被推选为办事处主任。

5月　中共中央中原局调整津浦路东、路西省委组成人员,决定彭康任津浦路西省委书记,喻屏、黄岩、谭光廷为委员;刘顺元任津浦路东省委书记,方毅、李世农、祁式潜为委员。

5月13日　日、伪军3000多人"扫荡"津浦路西抗日根据地。

5月14日　日军再次占领定远县城。

6月　津浦路西联防司令部成立,魏文伯任司令,谭光廷任政委。

7月　津浦路西省委机关报《新民主报》创刊,黄岩任社长,朱凡任副社长。

8月1日　津浦路西联防办事处成立,黄岩任办事处主任,魏文伯任副主任。

8月　津浦路西联合中学在定滁交界处瓦屋薛创办,朱凡兼任校长,严竟成任教务主任。

10月　津浦路西保安处成立,黄岩兼任保安处处长。

12月　津浦路西省委决定,以藕塘为中心,成立中共定东南县委和定东南办事处,由宋超任定东南县委书记,魏今非任办事处主任。

### 1941年

1月6日　震惊中外的皖南事变爆发。

1月20日　中共中央军委发布重建新四军军部的命令。

1月25日　新四军新军部在苏北盐城成立。

2月　根据中共中央军委命令,活动在江北皖东地区的新四军江北指挥部及其所属部队改编为新四军第二师。

2月18日　中央军委任命新四军副军长张云逸兼任第二师师长,罗炳辉任副师长,郑位三任政委,周骏鸣任参谋长,郭述申任政治部主任。决定第四支队改编为第四旅,旅长梁从学,政委王集成;第五支队改编为第五旅,成钧任旅长,赵启民任政委;江北游击纵队改编为第六旅,谭希林任旅长兼政委。

同月　定远县委、县政府改称为定怀县委、县政府。

5月　津浦路西省委改称为津浦路西区党委,黄岩任区党委书记,谭光廷、刘宏为委员。后增加魏文伯、陈庆先为委员。

6月上旬　第二师第六旅第十八团政治处主任杨效椿率部进入淮南铁路以西、瓦埠湖以东寿东南地区开展抗日游击斗争。

6月30日　第二师第六旅、第五旅第十三团发起对定远县谢家圩子土顽据点攻坚作战,历时半个月,击毙土顽180余人。

9月18日　津浦路西第一届临时参议会第一次会议召开,会议选举魏文伯为参议长,梅子明、刘子谷为副参议长;决定童汉璋为津浦路西联防办事处主任,魏文伯为副主任。

10月　以定四区委为基础成立中共定滁嘉工委,下辖定四区、大柳区、大横山区3个区。

**11月16日至17日** 新四军第二师第四旅、第六旅发起大桥自卫反击战斗,大获全胜,歼灭进攻津浦路西根据地的桂顽第一七一师第五一一团两个营,毙伤俘顽军1100余人。

**年底** 津浦路西地区教育事业得到发展,全区有小学141所、学生5056人,还有民众夜校45所、识字班86处。

## 1942年

**1月** 日、伪军修通了定远至寿县公路并沿途设立据点,将定怀县分割成南、北两部分。为了便于领导和开展对敌斗争,津浦路西区党委决定,撤销定怀、定东南、凤阳县,分别成立定凤怀县、凤定嘉县、定远县。

**1月31日** 津浦路西联防司令部独立第三团团长余海清和定凤怀总队副总队长汪立斌到十八里岗察看地形时遭敌人伏击,不幸壮烈牺牲。

**3月2日** 津浦路西联防部队第十八团在柏家圩伏击日军运输队,歼灭日军1个小队、伪军1个中队,毙敌10人,俘敌30余人。

**4月21日** 第二师第四旅第十团在定西南发起杞岗战斗,全歼土顽牛登峰部200余人。

**5月1日** 津浦路西联防办事处机关刊物《路西行政》创刊。

**5月9日至11日** 津浦路西临时参议会一届二次会议召开,会议通过《保障人权财权条例》《津浦路西乡选暂行条例》《实行减租减息条例》《优待抗日军人家属暂行条例》等9项法令和17项

决议。

6月　津浦路西区党委决定,成立中共津浦铁路南段工委和铁路保卫大队,保障津浦铁路东、西地区交通联系畅通。

7月10日　津浦路西妇女抗敌协会代表大会召开,成立津浦路西妇女抗敌协会总联合会,周建南当选为总妇抗理事长。此时,津浦路西农民抗敌协会、青年抗敌协会也相继成立,涂中庸为总农抗理事长,郭凌为总青抗理事长。

8月　津浦路西区党委决定,成立中共定合县委,领导定寿公路以南,包括合肥一部分地区的对敌斗争,任命刘鸿文任县委书记兼县长。

10月10日　津浦路西党政军委员会成立,罗炳辉任书记,梁从学、张劲夫、黄岩、谭光廷为委员。

10月26日至11月初　国民党桂顽趁津浦路西实行精兵简政,兵力减少之机,以第一七一师、第十游击纵队和保六团等部共6个主力团的优势兵力,长驱直入,占领路西中心区藕塘。11月初,罗炳辉指挥第二师第四旅第十团、第十一团和路西联防部队第十八团进行自卫反击,经10天连续作战,歼顽军1500人,生俘保六团副团长,打退了桂顽的进攻。

## 1943年

2月　根据中共中央和华中局决定,淮南地区实行党政军"一元化"领导,统一成立淮南区党委、淮南行署、淮南军区。谭震林任淮南区党委书记,罗炳辉为委员,刘顺元为副书记;方毅任淮南行署主任;罗炳辉任新四军第二师师长兼淮南军区司令,谭震林任第二师兼淮南军区政委。淮南区党委下设津浦路东、津浦路西两地委。谭希林兼任津浦路西地委书记,黄岩任地委副书记,谭光廷任地委组织部部长,孙冶方任地委宣传部部长。淮南行署下辖津浦路东、津浦路西两专员公署。郑抱真任津浦路西专署专员,李竹平任副专员。淮南军区下设津浦路东、津浦路西两军分区。谭希林任第六旅旅长兼路西军分区司令、政委,陈庆先任副司令,黄岩任副政委。

夏　廖成美任定合县委书记,孟亦奇任县委副书记。

5月　津浦路西地委召开扩大会议,传达贯彻淮南区党委新铺高干会议精神,研究部署整风工作。

6月　津浦路西地区召开参议会会议,推选黄岩为参议长,梅子明为副参议长。

8月8日　津浦路西联防办事处主任童汉璋积劳成疾,不幸逝世。

9月　华中局、新四军军部决定,第二师第五旅与路西军分区合并,由赵启民兼任路西地委书记、军分区政委,成钧兼任军分区司令。

10月　第五旅第十四团和定远县总队袭击定城西南东兴集、陈家圩子等伪军徐郁堂部,将其全歼,缴长短枪150余支、轻机枪1挺,俘伪军60余人。

11月23日　桂顽第一七一师出动2000余人(四个营)进攻定远占鸡岗阵地,新四军第二师第五旅第十三、第十四团奋起反击,歼敌300余人,收复阵地,桂顽于次日撤退,我军夺取占鸡岗

战斗胜利。

年底　王回岗回民区抗日民主政府成立。

## 1944年

4月　津浦路西地区召开农、青、妇代表大会,成立津浦路西各界抗敌总联合会,推选涂中庸为总联抗理事长。

5月底　日军第六十一师团一部和伪军3000余人"扫荡"定远地区,合击中心区藕塘。新四军第二师全力开展反"扫荡"斗争,第十三团还乘定远县城城内空虚,只有少量日、伪军把守的有利时机,突然攻入定城,歼敌30余人。经一周战斗,至6月3日,击退了日、伪军的进攻。

9月18日　津浦路西地委、专署、军分区隆重举行藕塘抗日烈士陵园落成典礼。谭震林、罗炳辉为烈士纪念碑撰写了碑文。

10月　津浦路西地委、专署决定成立中共藕塘市委、市抗日民主政府。

11月10日　日、伪军近万人分七路"扫荡"津浦路西中心区藕塘、张桥等地。新四军第二师第四、第五旅和路西地区地方武装奋起反"扫荡",与敌周旋半个月,歼敌700余人。26日,日、伪军分路撤退。

11月13日　国民党桂系顽固派乘日、伪军"扫荡"之机,纠集第一七一师第五一一、第五一二团及地方顽军数千人进攻津浦路西抗日根据地,占领曹家岗、延寿集、青龙厂等地。

11月19日,顽军2000余人疯狂地向第二师第五旅占鸡岗阵地进攻,我军奋起反击,苦战两天,歼桂顽1600余人,其中生俘顽第五一二团团长孟培琼以下1000余人,夺取占鸡岗战斗胜利。

是年　定远县成立相臣区抗日民主政府。

## 1945年(1月—9月)

1月　新四军第二师重建第六旅。第六旅兼津浦路西军分区,陈庆先任旅长兼司令,黄岩兼任政委,饶守坤任副司令兼参谋长,汪少川任政治部主任。第六旅辖第十八团、巢北支队(后改为巢合独立团)、淮西独立团和各县县总队。

2月上旬　津浦路西地委、专署召开群英大会,出席会议的有路西各县和部队的劳动模范、战斗英雄、纺织能手、模范工作者等共400多人。地委书记黄岩、专员郑抱真、副参议长梅子明等出席会议并讲话。

4月15日　桂顽第一七二师第五一五团及军属迫击炮连等部东援第一七一师,于3月向津浦路西中心区进攻。顽军总兵力约1.3万人。顽军占领了肖家圩、界牌集。形势危急,军部决定成立津浦路西战役指挥部,由第二师政委谭震林任指挥,调第三师第七旅支援第二师。我军采取围点打援的战术,争取在运动中歼敌有生力量,逼迫顽军西撤。4月15日,第五旅围攻王子城顽1个营,调动顽军第一七一师主力及第十游击纵队、保三团驰援王子城。我第二师、第三师第七旅和第七师一部等将顽军包围在肥东黄疃庙南北地区。随即,我军发起攻击,经6昼夜激战,攻克王子城、黄疃庙、古城集、广兴集、富旺集、鸡鸣桥、八斗岭等顽据点13处,取得黄疃庙战役胜利。是役共歼灭顽军约两个主力团,其中生俘顽军第五一二团团长以下1300人,缴获迫击炮5门、轻重机枪40挺、长短枪1100余支。

5月　津浦路西地委决定成立中共蚌埠工委,何文珊任书记。

8月8日　苏联政府宣布对日作战。

8月10日　朱德总司令向各解放区八路军、新四军发布大反攻命令。

8月14日　定远县城收复。凤定嘉县并入定远县,由宋超任定远县委书记,陈克奇任县长。

8月　滁县和全椒县合并成立滁全县,由薛宗元任县委书记,罗应生任县长。

9月2日　日本天皇、日本政府和日本帝国大本营代表在投降书上签字。至此,中国人民抗日战争胜利结束。

### 1945年(9月—12月)

9月9日　津浦路西地委、专署做出《关于减征及部分豁免秋季粮赋》决定,规定对烈士直系家属,收成差的贫苦的直系抗日干部家属以及纯以种田为业的贫苦农民,予以豁免秋季全部粮赋。其余减征标准在10%～40%酌情处理。

9月25日　津浦路西地委在定远老人仓召开扩大会议,总结一年来工作,布置今后斗争任务。

10月25日　淮南区党委重新组建,由萧望东任书记,黄岩、李世农为副书记。津浦路东地委改称为华中第三地委,李世农任书记;津浦路西地委改称华中第四地委,黄岩任书记。

同日　华东军区决定保留淮南军区,由周骏鸣任司令,萧望东任政委,梁从学任副司令兼参谋长,朱云谦任副参谋长,徐海珊任政治部副主任。津浦路西军分区改称华中第四军分区,第六旅长陈庆先兼任华中第四军分区司令,黄岩兼任政委。

**10月29日** 津浦路西专署改称华中第四行政区专员公署,郑抱真(后裴海萍)任专员,李竹平、罗平任副专员。

**10月** 津浦路西专署连续发出公告(布告),稳定金融市场,加强进出口物资管理。

**11月** 华中四地委决定将定远东南部并入滁全县,滁全县改称为定滁全县,由薛宗元任县委书记,罗应生任县长。

**12月31日** 国民党军队第一七三师占领定远县城。

**12月** 淮南军区第六旅和华中四地委、专署机关奉命转移到津浦路东地区。津浦路西党政军机关与部队转移后,成立了津浦路西中心县委,由杨效椿任中心县委书记。1946年1月,形势好转,路西地委、专署机关从路东回到路西。

## 1946年

**1月3日** 华中四地委书记黄岩、军分区副司令李国厚等在定远县老人仓召集撤离淮西的赵凯等人开会,研究制定返回淮西重建根据地、坚持长期斗争的方针。会议决定成立中共寿(县)六(安)合(肥)霍(邱)工委和寿六合霍游击总队,由赵凯任工委书记兼游击总队政委,冯道生任游击总队大队长。

**1月10日** 中国共产党代表与国民政府代表正式签订停战协定,同日,双方下达于13日午夜生效的停战令。

**4月** 国民党反动派在停战协定的掩护下,积极调动军队,进行大举进攻淮南解放区的部署：南部，整编第七十四师分布于浦镇、六合及沿江一带；东部，整编第二十五师黄百韬部驻扬州；西部，桂系第七军李本一部集结于蚌埠南北津浦铁路沿线，第四十八军第一七三师占领定远县城，兵力分布于定远、全椒、滁县及蚌埠至浦口津浦路段。

**5月10日** 国民党军第四十八军第一三八师、第一七二师等部9个团的兵力，分7路向津浦路西解放区（华中四分区）进攻，新四军淮南军区第六旅与地方武装迎头痛击。12日，敌占领以定远藕塘为中心的津浦路西解放区。15日，第六旅大部转移到凤阳山区，一部在朱家湾牵制敌人。19日，华中四地委、四专署，第六旅第十六团和第十八团两个营及各县地方干部奉命陆续退至津浦路东盱眙地区休整。路西党政军机关撤退后，第六旅副旅长李国厚、政治部副主任杨效椿率领一个营部队组成前方指挥所，领导路西各县留下坚持的部队和干部开展敌后斗争。

**6月21日** 山东军区第二副司令兼新四军第二副军长罗炳辉在山东临沂地区不幸病逝。

**6月26日** 国民党军队大举进攻中原解放区，全面内战爆发。7月中旬，国民党军队向华中苏皖解放区大举进攻。

**同月** 津浦路西地区新四军主力撤退后，定远、定合县的留守人员纷纷向定凤怀县集结。为便于统一领导，根据上级决定，以定凤怀县为基础组成中心县委，由杨卓群任中心县委书记，孙传家任中心县委委员兼支队司令。

**7月初** 新四军兼山东野战军第二纵队第五旅（原第二师第

五旅)从山东南下回到淮南。根据上级决定,第五旅连同淮南军区第六旅、独立旅,组成华中野战军第二师兼淮南军区,周骏鸣任师长兼军区司令,萧望东任政治委员,成钧任副师长,赵启民任副政委,梁从学任副师长兼参谋长,朱云谦任副参谋长,余立金任政治部主任。

**7月11日** 为保卫凤阳山阵地,凤二区区队长路士敏率部袭击国民党凤阳县赵圩保警队,毙伤敌20余人,俘10人,缴获机枪1挺、长短枪20余支。路士敏在战斗中牺牲。

**7月20日** 中原军区第一纵队第一旅在旅长皮定均率领下,突围后到达淮南地区。

**7月25日** 华中军区副政委兼华中野战军政委谭震林率领军区特务团过三河,到达盱眙县马坝,代表华中分局、华中军区全权指挥淮南地区对敌作战。

**7月29日** 遵照华中军区命令,华中野战军第二师兼淮南军区主力及淮南解放区党、政机关撤出淮南地区。

**8月25日** 津浦路西定凤怀县武装工委和武工队成立,余健任工委书记,周泉任工委委员兼武工队队长,柳北辰任工委委员兼武工队指导员。

**9月23日至25日** 中共中央华中分局决定:撤销淮南区党委、淮南军区,华中第三地委、专署和华中第四地委、专署,以及所属各县党政军建制。

**12月** 根据中共中央关于"派部队、派干部恢复淮南、淮北工作必须立即进行"的指示,中共中央华中分局决定成立中共淮南工委,指定黄岩为书记,陈庆先、李世农为委员,负责领导淮南地区恢复工作和对敌斗争。

同月　周衣冰、薛本汉、吴涛等率领地方武装百余人突破敌人的围追堵截,从洪泽湖回到津浦路西凤阳山区,与定凤怀武装会合。为适应斗争需要,经过协商成立了凤阳山中心县委和游击队,周衣冰任中心县委书记兼游击队司令,薛本汉、余健、吴涛为县委委员。

## 1947年

1月15日　华东野战军第十二纵队(兼苏北军区)第三十四旅政治部主任杨效椿奉命率第三十四旅第一〇〇团(原第二师第六旅第十六团)二营和淮宝县地方干部过运河进入淮宝地区。杨效椿部进入淮宝后,经过半个月的英勇作战,打开了淮宝局面,建立了区、乡人民政权,为恢复淮南地区建立了前进基地。

1月21日　中共津浦路西中心县委和津浦路西支队成立,孙传家任中心县委书记,周衣冰任副书记,薛本汉、余健、吴涛、姚文玲、宋乃冰等为委员;孙传家任路西支队司令,周衣冰任副司令。

2月2日　路西支队袭击凤阳县叹儿湾乡公所,毙、俘敌30余人,缴枪20余支。

2月8日　中共淮南工委做出《关于坚持淮南游击战争的决定》。该《决定》分析了淮南地区的形势,确立了建立游击根据地的工作任务。淮南工委决定组建5个工委,并划定活动区域。

4月中旬　中共中央华东局决定,调整淮南工委组成人员,成立淮南支队。决定任命李世农为淮南工委书记兼淮南支队政委,杨效椿、魏然、徐速之为委员;杨效椿为淮南支队司令,魏然为支队副司令,徐速之为支队政治部主任,张百锷为支队参谋长。

6月 中共巢北工委成立,吴万银任工委书记,李刚、方茂初、王光前等为委员。巢北工委下辖巢合、巢北、定滁全3个武装大队。

8月 驻津浦路西国民党第一三八师北调,路西支队乘势从凤阳山区向外发展,奔袭定合地区大李集乡公所,歼敌12人,后又攻克能仁寺、曹店、殷涧等据点。

9月10日 路西支队在宋埠集击溃国民党凤阳县保警大队,毙、俘70余人。

## 1948年

1月 原津浦路东东南支队司令艾明山率津浦路西干部大队百余人从山东惠明地区出发返回淮南,到达凤阳山区,与孙传家部会合。之后,艾明山率干部大队到藕塘、广兴集、周家岗、李集一带活动,开辟和恢复路西解放区。

同月 中共全合工委成立,王光前任工委书记,苏桦任副书记。2月,全合工委进入全合地区开展游击活动。4月,中共全合工委由中共皖西四地委领导改属中共津浦路西工委领导。

同月 淮南工委决定,撤销淮南第一工委,成立津浦路西工委,孙传家任路西工委书记,郑锐、韩融、周衣冰为委员。路西工委下设定凤怀、定合、定凤嘉3个县委、县政府。定凤怀县委书记为郑锐,副书记为周衣冰,县长为宋乃冰;定合县委书记为余健,县长为张帜;定凤嘉县委副书记为吴涛,县长为马骞。

**2月6日** 中共中央华东局副书记邓子恢致电华中工委,对淮南敌后斗争做出重要指示。他指示,重新组建淮南区党委、淮南军区。要求梁从学、孙仲德及杨效椿等要迅速进入津浦路西,与孙传家及巢县黄山地区吴万银部会合,打开路西局面,呼应路东。

**2月24日** 华东野战军第十二纵队司令陈庆先率第三十四旅主力过运河到达淮宝地区。

**2月下旬** 根据中共中央华东局、华中工委指示,在陈庆先主持下组建淮南区党委和淮南军区,由曹荻秋(第十二纵政委)任区党委书记(未到职),李世农任副书记;陈庆先任淮南军区司令,李世农任副政委,杨光池任政治部主任。淮南区党委统一领导津浦路东、津浦路西地区党组织开展恢复淮南工作。

**2月** 原淮南军区副司令梁从学率1个连武装、原皖江军区参谋长孙仲德率华东野战军第四纵队第十一师第三十三团从山东南下,进入津浦路西地区。

**3月18日** 国民党反动派调集13个正规团和保安队,自3月18日开始分四路对津浦路东地区进行为期43天大"清剿"。陈庆先率第一〇〇团、淮南支队三营坚持路东地区反"清剿",第三十四旅旅部和第一〇一、第一〇二团及淮南支队二营挺进津浦路西外线出击。4月27日,第三十四旅旅部和第一〇一、第一〇二团经盱凤嘉跳出包围圈,转移到淮宝地区,敌"清剿"以失败告终。

**3月底** 杨效椿率淮南支队第二营挺进到津浦路西地区,与孙传家、艾明山部会合。

3月　淮南区党委决定撤销原淮南第二工委所属定滁全工委,成立定滁全县委、县政府,由陈振亚任县委副书记,姜汉三任县长。

4月10日　第三十四旅收复津浦路西占鸡岗,路西地方部队攻下藕塘,华野四纵三十三团收复大李集、姜新集。

4月16日至7月28日　国民党军队在津浦路西地区进行长达100多天的"清剿",史称"百日清剿"。

4月27日　淮南区党委决定成立中共津浦路西地委、专署和军分区,由杨效椿任地委书记兼军分区政委,罗平任专员,艾明山任军分区司令(5月初,艾明山调路东地区工作),孙传家任军分区副司令,赵凯任参谋长,陈德三、周衣冰任副参谋长,王善甫任政治部主任。

5月　全合县政府成立,王光前任县长兼县总队长,苏桦任副县长,朱明任副总队长。定滁全县改为定滁县。

6月4日　中共中央华东局决定,淮南、淮北两区合并成立江淮区党委,曹荻秋任区党委书记,李世农任副书记。津浦路东地委改称江淮第一地委,津浦路西地委改称江淮第四地委。

6月13日　江淮四分区部队在淮南铁路九龙岗捣毁3个乡公所。

7月　为粉碎敌人对津浦路西地区的"百日清剿",江淮四分区主力在杨效椿、孙传家率领下跳出敌包围圈,到定合县边沿和定滁全地区活动,连克安子集、周家岗两个乡公所,歼敌150余

人。后又到寿东南地区活动,接连打掉寿县的徐家庙、仇集、常岗和邓兴元圩子等据点,共歼敌区、乡武装 100 多人。到 7 月底,津浦路西地区基本得到了恢复。

8 月　江淮四分区部队攻克刘府、能仁寺、叹儿湾敌据点,孙集、靠山集、西卅店、吴家圩、朱家湾、杜集等据点土顽闻风而逃,路西局面进一步打开。

10 月上旬　华野渡江先遣纵队在政委谭启龙率领下,从河南濮阳南下,渡淮成功,到达津浦路西,与江淮四分区部队会师。10 月 20 日、21 日,华野先纵一支队攻克土顽张桥据点。随后,先纵一、四支队在路西待命。

11 月 5 日　江淮区党委发出《关于加强支前工作的指示》。

11 月 6 日　华东和中原两大野战军发起淮海战役。

11 月 21 日、23 日　江淮第四军分区部队攻克嘉山县的三和集据点和凤阳县叹儿湾据点,毙敌 13 名,俘敌 81 人,缴长短枪 75 支。

11 月 26 日　驻滁城的敌第六十六军第十三师 3 个团向华野先遣纵队第一、第四支队驻地藕塘地区进攻。第一、第四支队在江淮四分区部队的支援下,在藕塘以东的突子山奋力反击,经一天激战,将敌军击退。是役,共毙伤敌 200 余人,俘敌 50 人。

12 月 3 日　江淮四分区部队接受凤阳县红心铺敌乡公所投降,受降乡长以下 34 人,缴轻机枪 2 挺,长短枪 33 支。

12 月初　江淮一分区、四分区后勤司令部成立,魏心一、罗平分别任司令,陈雨田、杨效椿分别任政委。一、四分区各县亦成立后勤司令部,由县长任司令,县委书记任政委,大力开展支前工作。

12月7日　江淮军区第三十四旅、独立旅强渡淮河成功,进入淮南地区作战。

### 1949年

1月10日　淮海战役胜利结束。

1月16日　凤阳县城解放。2月,江淮四地委决定撤销定凤怀县、定凤嘉县,恢复凤阳县。由郑锐任县委书记,宋乃冰任县长。

1月18日　定远县城解放。定滁县委、县政府迁入定城。1月下旬,江淮四地委决定成立中共定远县委、县政府,陈振亚任县委书记,谢捷三任县长。

1月20日　解放军占领津浦路南段军事要地蚌埠和临淮关等车站。

1月25日　全椒县城解放。中共全合工委接管县城。2月,江淮四地委决定,成立中共全椒县委、县政府,王光前任县委副书记兼县长。

2月上旬　江淮四地委决定成立新的中共定滁县委、县政府和县总队,花锦城任县委书记,陈莼任县长,县委、县政府驻施家集。新设的定滁县除下辖定远县藕塘区外,还下辖滁县西部的皇甫、关山、大柳、花山等4个区、1个镇、14个乡。

3月11日　在此前后,江淮四分区后勤司令部改为支前司令部,罗平任司令,杨效椿任政委。

4月6日　根据中共中央华东局决定,皖北区党委成立。皖北区党委统一领导长江以北安徽境内各地委及市委的工作。曾希圣任区党委书记,黄岩任副书记,李世农任第二副书记兼组织部部长,张恺帆任秘书长。

4月20日　人民解放军发起渡江战役。

4月21日　皖北行政公署成立,宋日昌任行署主任,郑抱真、李云鹤任副主任。

4月23日　人民解放军占领南京。

4月　中共中央华东局、华东军区决定成立皖北军区。曾希圣任皖北军区司令员兼政委,梁从学任第一副司令员,孙仲德任第二副司令员兼参谋长,黄岩任副政委,李世焱任政治部主任,何柱成任副主任。皖北军区成立后,原江淮第一军分区改称皖北第一军分区,原江淮第四军分区改称皖北定远军分区。

4月　皖北区党委决定,原江淮一地委、一专署改为皖北一地委、一专署;原江淮四地委、四专署改为皖北定远地委、定远专署。

5月8日　定远地委决定成立定远分区财委会,财委由杨效椿、罗平、孙传家、王善甫、宋孟邻、郑锐、曹树屏7人组成,杨效椿、罗平分任正、副主任,曹树屏任秘书。并决定各县都成立财委会,掌握好财经政策,管好财经工作。

6月下旬　皖北区党委、皖北行政公署决定原皖北一地委、四地委(即定远地委)及五地委一部分合并组建成中共滁县地委,隶属皖北区党委领导。陈雨田任中共滁县地委书记。滁县地委下辖滁县、来安、全椒、炳辉、定远、凤阳、嘉山、盱眙、江浦9个县委,地委机关驻滁县县城。皖北第一行政区专员公署、皖北定远行政区专员公署及第五行政区专员公署一部合并成立滁县行政区专员公署。罗平任滁县专署专员。滁县专署下辖相应的9个县政府,专署机关亦驻滁城。同时成立滁县军分区,艾明山任军分区司令员,陈雨田兼任政委,孙传家、夏群任副司令员,魏然任副政委。滁县行政区共下辖9个县、68个区、180万人口。

6月下旬 中共滁县地委决定撤销定滁县,所属藕塘区划回定远,皇甫等4个区仍归滁县建制,组成新的中共滁县县委、县政府,胡锡川任县委书记,方浩任县长。

8月 滁县军分区组成路东、路西两个剿匪指挥部,路东剿匪指挥部以炳辉县独立团为基础组建,指挥部以半塔为重点,清剿盱、来、嘉山区残存的匪特;路西剿匪指挥部以军分区警备五团为基础组成,指挥部设在藕塘,重点清剿定、滁、全、凤、嘉各县交界处的匪特。另派一个连去江浦清剿匪特。

10月1日 中华人民共和国成立。

# 参考文献

[1]《淮南抗日根据地》编审委员会.淮南抗日根据地[M].北京:中共党史资料出版社,1987.

[2]中国人民解放军历史资料丛书编审委员会.新四军:文献(1)[M].北京:解放军出版社,1988.

[3]《刘少奇在皖东》编审委员会.刘少奇在皖东[M].北京:中共党史出版社,1990.

[4]安徽省财政厅.淮南抗日根据地财经史[M].合肥:安徽人民出版社,1991.

[5]中共定远县委党史办公室.曲阳烽火[M].合肥:安徽人民出版社,1991.

[6]中共蚌埠市委党史办公室.中共长淮特委[M].合肥:安徽人民出版社,1991.

[7]桂影超.从放牛娃到省长——黄岩传略[M].合肥:安徽人民出版社,1991.

[8]中共滁县地区组织部,中共滁县地委党史办公室,滁县地

区档案馆.中国共产党安徽省滁县地区组织史资料(1926.2～1987.11)[M].合肥:安徽人民出版社,1993.

[9]中国人民解放军历史资料丛书编审委员会.新四军:文献(2)[M].北京:解放军出版社,1994.

[10]中国人民解放军历史资料丛书编审委员会.新四军:文献(3)[M].北京:解放军出版社,1994.

[11]中国人民解放军历史资料丛书编审委员会.新四军:文献(4)[M].北京:解放军出版社,1995.

[12]中国人民解放军历史资料丛书编审委员会.新四军:文献(5)[M].北京:解放军出版社,1995.

[13]中共中央文献研究室.刘少奇传:上[M].北京:中央文献出版社,1998.

[14]北京新四军研究会二师分会.淮南烽火[M].北京:解放军出版社,1999.

[15]安徽省新四军历史研究会.郑抱真传[M].北京:当代中国出版社,2004.

[16]郑锐.征程回眸[M].北京:人民出版社,2005.

[17]安徽文史资料全书编辑委员会.安徽文史资料全书:滁州卷[M].合肥:安徽人民出版社,2007.

[18]中共滁州市委党史研究室.安徽省抗日战争时期人口伤亡和财产损失:滁州卷(B·皖—9)[M].北京:中共党史出版社,2010.

[19]中共中央党史研究室.中国共产党历史:第一卷(1921—1949)(上册)[M].北京:中共党史出版社,2011.

[20]中共中央党史研究室.中国共产党历史:第一卷(1921—1949)(下册)[M].北京:中共党史出版社,2011.

[21]中共滁州市委党史研究室.中国共产党滁州地方史:第一卷(1921—1949)[M].合肥:安徽人民出版社,2011.

[22]中共安徽省委党史研究室.模范共产党员——杨效椿[M].合肥:安徽人民出版社,2011.

[23]中共滁州市委党史研究室,安徽省新四军历史研究会.中共中央中原局(1938.11~1941.5):上卷[M].北京:中共党史出版社,2013.

[24]中共滁州市委党史研究室.红色皖东——中共滁州历史青少年读本[M].合肥:安徽人民出版社,2013.

[25]中共滁州市委党史研究室.安徽省革命遗址通览:滁州市(第⑨册,总第⑬卷)[M].北京:中共党史出版社,合肥:安徽美术出版社,2013.

[26]中共滁州市委党史研究室.淮南抗日根据地史[M].合肥:安徽人民出版社,2014.

# 后　记

　　《红色定远》是"安徽红色历史记忆丛书"中的一册。本书重点对土地革命到中华人民共和国成立前定远县（部分内容拓展到整个津浦路西地区）重大革命历史事件进行系统梳理，采用专题叙事方式，按照时间和事件发生的先后顺序，分章叙事记述。

　　全书由导语、专题、结语、大事记、参考文献等5部分组成。其中"专题"部分是本书的核心内容，共有8章。本书语言朴实、流畅，是一本对党员干部，尤其是对青少年学生进行党史、革命斗争史教育的普及性通俗读物。

　　在革命战争年代，中国共产党领导建立的地方党组织和红色政权、民主政权，不囿于一县一地行政区域，多建立在边区、山区，或几省几县结合部、交界地区，名称如：中共定西特区委，中共定（远）怀（远）县委、县抗日民主政府，中共定（远）合（肥）县委、县抗日民主政府、中共凤（阳）定（远）嘉（山）县委、县抗日民主政府等。为此，在尊重历史、兼顾现实的原则下为保证叙事的完整性，准确性，作者在抗日战争、解放战争两个时期专题写作过程中，适当拓

展扩大了区域范围,把与定远交界,且有关联的县的红色历史都纳入进来记叙,即把整个津浦路西地区的红色历史都纳入进来记叙,目的是想最大限度地呈现红色历史当时的真实面貌。

本书在写作过程中,得到安徽大学历史系教授陆发春先生、安徽教育出版社编辑等的热情指导和帮助,得到滁州市党史地方志机构有关同志的帮助和支持,参考了滁州市委和定远县委党史研究室党史专家的研究成果,在此,谨向他们致以诚挚的感谢!

由于本人水平有限,视野不宽,加之史料的缺乏,本书的错误和不足之处难以避免,敬请专家和读者批评指正。

孙明开